KB200128

사랑하는 _____님께

큐티하면 행복해집니다.

_____ 드림

하용조 목사의

큐티하면 행복해집니다

하용조 목사의
큐티하면 행복해집니다

지은이 | 하용조
초판 발행 | 2008. 9. 29
개정 2판 2쇄 | 2025. 3. 26
등록번호 | 제1988-000080호
등록된 곳 | 서울특별시 용산구 서빙고로65길 38 두란노빌딩
발행처 | 사단법인 두란노서원
영업부 | 2078-3333   FAX | 080-749-3705
출판부 | 2078-3331

책 값은 뒤표지에 있습니다.
ISBN 978-89-531-5076-8   03230

독자의 의견을 기다립니다.
tpress@duranno.com   www.duranno.com

두란노서원은 바울 사도가 3차 전도여행 때 에베소에서 성령 받은 제자들을 따로 세워 하나님의 말씀으로 양육하던 장소입니다. 사도행전 19장 8-20절의 정신에 따라 첫째 목회자를 돕는 사역과 평신도를 훈련시키는 사역, 둘째 세계선교(TIM)와 문서선교(단행본·잡지) 사역, 셋째 예수문화 및 경배와 찬양 사역, 그리고 가정·상담 사역 등을 감당하고 있습니다. 1980년 12월 22일에 창립된 두란노서원은 주님 오실 때까지 이 사역들을 계속할 것입니다.

하용조 목사의

큐티하면 행복해집니다

하용조 지음

Q u i e t   T i m e

차 례

하용조 목사의 큐티 스토리

하나님의 음성을 들으십시오

제가 예수 그리스도를 영접할 때의 일입니다. 저는 1966
년 예수를 처음 믿을 때 성령체험을 했습니다. 가시 면류관
을 쓰신 주님이 피묻은 손으로 제게 오시는 모습을 보았습
니다. 뭘 모를 때 이같은 환상도 보고 방언도 했습니다. 아
직 신앙적으로 굳어지지 않은 상태에서 영적 체험이 먼저
있었던 것입니다. 참으로 귀한 일이었습니다. 저는 당신에

게도 예수 믿을 때 성령체험이 같이 왔으면 좋겠습니다. 만약 예수만 믿고 성령체험이 없었다면 말입니다. 성령체험이 있어야 그게 뭔지를 압니다. 맛있는 음식에 대해 아무리 설명해 봐야, 직접 먹어 보지 않고서 그 맛을 제대로 알 수 없습니다. 성령 임재의 경험은 성령님이 머리끝부터 발끝까지 내 안에 임재하여 내 이성을 다 사로잡아 나라는 사람은 존재하지 않는 그런 경험입니다. 이성을 뛰어넘고 경험의 세계를 뛰어넘는 일입니다. 제 생애에 하나의 큰 이정표가 생긴 것입니다.

제가 대학 3학년 때였습니다. 폐병에 걸려 학교를 휴학하고 병원에 입원해 있는데, 새벽 1시경에 하나님이 친히 나타나셔서 말씀으로 위로해 주시고 격려해 주셨던 때를 지금도 생생히 기억합니다. 그때 하나님 앞에 깊이 기도하고 성경 읽고 묵상하던 그런 과정이 제 생애 두 번째 하나님과 만났던 사건입니다. 그 사건을 통해 저는 목사가 되기로 결심했습니다.

사도 바울은 고린도에 도착하여 전도하던 중 밤에 환상

을 보았습니다. 주께서 밤에 환상 가운데 말씀하셨습니다.

"밤에 주께서 환상 가운데 바울에게 말씀하시되 두려워하지 말며 잠잠하지 말고 말하라 내가 너와 함께 있으매 아무 사람도 너를 대적하여 해롭게 할 자가 없을 것이니 이는 이 성중에 내 백성이 많음 이라 하시더라"(행 18:9-10).

하나님께서는 말씀하십니다. 예배를 통해서 말씀하십니다. 설교를 통해서 말씀하십니다. 성경공부를 통해서 말씀하십니다. 개인의 기도를 통해서 말씀하십니다. 또한 일상의 삶을 통해서도 말씀하십니다.

그러나 하나님은 가끔 특별하게 말씀하시기도 합니다. 사도 바울에게는 이런 경험이 몇 번 있었습니다. 여러 번 하나님의 음성을 들었습니다. 파선할 때 유라굴로 광풍을 만나 배가 뒤집어지는 바로 그런 상황에서 하나님의 음성을 들었습니다. 다메섹에서도 하나님의 음성을 들었습니다.

저도 개인적으로 이런 경험을 했습니다. 자주는 아니지만 가끔 하나님이 특별하게 말씀하실 때 이런 일들이 있었습니다.

연예인교회를 시작할 때도 그 전날 밤 이런 특이한 경험을 했습니다. 하나님께서 이런 방법으로 오실 때가 있습니다. 친히 나타나셔서 말씀하시고 격려하고 위로해 주시는 것입니다. 그러나 아무 때나 그런 것은 아닙니다. 어떤 특별한 위기에 부딪쳤을 때, 어떤 특별한 결정을 할 때 그렇게 하시기도 합니다.

저 같은 경우를 보면 한 번 은혜를 크게 받으면 5-10년 갑니다. 은혜 받고 일하고 또 은혜 받고 일하고 이렇게 살아온 것 같습니다. 은혜가 막 들어올 때가 있는데 그때가 지나면 그 은혜로 열심히 사역을 합니다. 우리는 은혜 받은 것을 가지고 열심히 일해야 합니다. 하나님을 깊이 만나는 시간만큼 일할 수 있습니다. 그 시간이 없는 사람들은 일 못합니다. 하나님과의 깊은 영적인 교제, 그 은혜 속에 깊이 잠겼을 때만이 하나님의 능력의 사람이 될 수 있기 때문입니다.

고난은 또 다른 인도하심입니다

왜 우리 주님은 제게 폐병을 앓게 하셨을까요? 그 당시 아내는 밤 12시까지 예수를 전하고 돌아다녔는데, 하나님도 너무하시지 전도하고 있는 저를 탁 쳐서 학교도 휴학시키시고 인천 연수원에 있는 격리수용소에 집어넣으셨습니다. 그러니 제가 할 게 뭐 있었겠습니까? 그저 성경 보고 하나님만 생각했습니다.

거기서 환자들을 모아 성경공부 그룹을 만들었습니다. 폐가 다 뚫린 사람이 있었는데 그를 전도하기도 했습니다. 선생님이었는데 나중에 보니 폐를 다 고치고 목사님이 되셨습니다. 저는 이해할 수 없는 사건이었지만, 하나님은 상상할 수 없는 놀라운 배수의 진을 다 치고 계십니다. 그러니 부도가 나면 아멘하십시오. 이게 다 이유가 있는 겁니다.

두 번째 주님을 만났을 때 저는 주님으로부터 정중한 초대를 받았습니다.

"네가 목사가 되지 않겠느냐?"

하나님은 저를 병원에다 집어넣고 아무도 못 만나게 하시고는 고독하게 만들고, 절망하게 만들고, 그리고 성경을 보게 하셨던 것입니다.

하나님은 참 재미있으십니다. 살살 만져 가며 잘 다듬어서는 정확한 시간에 모든 것을 내려놓게 하십니다. 저는 장로로 평생 주님을 섬기고 싶었기에 선뜻 "예!" 하지 못했습니다.

그런데 그 다음날 저의 어머님이 시골에서 올라오셨는데 대뜸 이러시는 것이었습니다.

"용조야, 너 목사 되고 싶은 마음 없냐? 어저께 밤에 기도하다가 이상한 생각이 들었다."

그때 저는 "생각해 보지요" 하고는 그 일을 다 잊어버렸습니다. 큰 병 고쳐 주시니까 다 잊어버린 것입니다.

그리고 군대를 갔습니다. 그렇게 한참 군대 생활을 하는데 또 다시 폐병이 도졌습니다. 다 나았다고 여겼는데 또 도졌습니다. 마침내 마산에 있는 결핵 요양원으로 후송되었습니다.

군대병원은 마치 수용소 같았습니다. 군대에서 폐병 걸린 사람은 다 모인 곳이었는데 거기서 내무반 생활을 하게 되었습니다. 그래서 이렇게 큰 몸이 환자복을 입고 그 결핵 환자들 속에 있게 되었습니다. 그런데 별수 있나요? 전도해야지…. 요양원 안에서 사람들 쫓아다니면서 또 설교하고 돌아다녔습니다. 목사도 아니고 전도사도 아닌데 새벽 기도 인도부터 해서 아무튼 열심히 전도하면서 다녔습니다. 저는 그때 신학교도 나오지 않았지만 내무반을 돌며 설교를 했습니다. 전도사님 한 분이 계셨는데 내무반 설교를 하러 다니면 꼭 저를 앞세워 설교를 시키셨습니다. 결국 저는 불명예 제대를 했고, 하나님이 저를 신학교로 이끌어 주셨습니다. 생각해 보면 참 놀라운 일이 아닐 수 없습니다. 제 생애에서 굉장히 중요한 사건이며, 지금도 이해할 수 없는 일 중 하나입니다.

하나님의 인도하심에 순종하십시오

세밀하게 우리의 머리털 하나까지 세시는 그 하나님께서는 아주 신비스러운 방법으로 우리를 인도해 주십니다. 제가 경험한 사건들을 돌이켜 볼 때 하나님의 인도는 그렇게 구체적일 수 없었습니다. 아내와의 결혼은 하나님의 뜻이라는 사실이 너무나 명확했습니다. 그러니 부부생활에서 어떤 위기가 와도 문제가 안 되었습니다. 분명히 하나님의 인도를 받았다는 강력한 확신을 가지고 있었기 때문입니다. 부부생활에서 오는 현실적인 갈등도 문제가 되지 못했습니다. 목회사역도 마찬가지고, 우리가 세상에서 사는 것도 마찬가지입니다. 당신이 하고 있는 일이 하나님의 뜻이라는 분명한 확신이 있으면 어떤 고난이 와도 문제가 안 됩니다. 그 무엇도 하나님의 부르심을 능가할 수 없습니다. 그만큼 하나님의 인도하심은 중요합니다.

일반적으로 성경을 통해서도 하나님의 분명한 인도하심을 받지만, 하나님이 구체적으로 내 삶을 인도하시며 지금

하고 있는 일이 하나님의 뜻이라는 확신을 가져야 합니다. 현재 다니고 있는 교회나 직장을 떠나야 할지, 남아야 할지를 두고 갈팡질팡하면 일 못합니다. "이 교회에 나를 보내 주셨다. 이 직장에 하나님이 나를 보내 주셨다. 이것은 하나님의 뜻이다"라는 확신이 있을 때 욕을 먹어도 기쁘고, 피곤해도 감사할 수 있습니다. 내가 할 일이 있으니 말입니다. 죽을 때 우리는 "선한 싸움을 다 싸우고 하나님이 나를 부르신 그 길을 다 갔고 믿음을 지켰다"고 말할 수 있어야 합니다.

저는 에베소에서의 바울의 두란노서원 운동 때문에 얼마나 큰 자극과 영감을 받았는지 모릅니다. 제가 간에 이상이 생겨 교회를 쉬고 이화대학교 병원에 입원해 있는 동안 두란노서원에 대한 하나님의 계획을 알게 되었습니다. 말씀을 읽으며 '하나님이 이 일을 시키시려고 나를 부르셨다'는 생각이 들었습니다. 아파서 교회도 사임하고 설교도 못하고 병원에 들어와 있는 사람이 "여보, 두란노서원 운동합시다"라고 했더니 아내가 기겁을 했습니다. 아니, 쉬어야 할 사람이 또 새로운 일을 하겠다고 계획하니 말입니다. 저는 하나님이 우리에게 맡기신 일이라는 확신이 들었습니다. 마침 그때 연예인교회에서 저희에게 퇴직금을 주었는데 그 돈을 가지고 신촌에 두란노서원 책방을 열었습니다. 또 저희 집에 있는 물건을 다 갖다 놓고 자그마한 강의실을 만들었습니다. 사도행전 19장에 나오는 "제자들을 따로 세우고"(행 19:9)라는 말씀대로 제자운동을 시작했습니다. 성경을 주일날 한 번이 아니라 매일 읽고 공부했습니다. 사실상의 큐티운동이었던 셈이지요.

이렇게 제자훈련과 성경공부를 매일 하니까 자연적으로 선교가 되었습니다.

"…유대인이나 헬라인이나 다 주의 말씀을 듣더라"(행 19:10).

선교한다고 떠들 게 아니라 제자훈련과 성경공부 잘 하고 있으면 자연히 선교로 연결됩니다.

하나님의 뜻을 알면 비전이 생깁니다

제가 처음 큐티를 접촉하게 된 것은 대학생 선교회(CCC)에서였습니다. 그때 '나의 팡세'니 '7분 큐티'니 하는 것들을 배웠지만, 진짜 큐티를 배우게 된 것은 신혼 초였습니다.

연예인교회 시절의 일입니다. 제 아내가 다니던 뉴질랜드 바이블칼리지의 학장 제임스 닥터 스튜어트가 한국에 왔습니다. 아주 훌륭한 분이신데, 방학 동안 학생들을 방문하던 중 자기 학교 첫 졸업생인 제 아내 하나를 만나려고 서울에 처음 왔습니다. 그런데 문제는 호텔이 아닌 저희가 사는 집에서 묵겠다는 것이었습니다. 그때는 결혼 초기였기 때문에 방이 한 칸밖에 없었습니다. 그래서 안방을 내드렸는데 아침 일찍 일어나 보니 그분이 소파에 앉아서 뭔가를 쓰고 있었습니다. 성경책을 꺼내들고 노트에 쓰고 있었는데 저는 그게 큐티인 줄 모르고 그저 편지 쓰는 줄 알았습니다.

나중에 알고 보니 그분은 매일 아침 일어나자마자 우리

처럼 새벽기도를 다니는 게 아니니까, 집에서 성경말씀을 읽고 묵상했던 것입니다. 그것이 제가 큐티를 하게 된 결정적인 기회가 됐던 것 같습니다.

　그 후 영국에 갔을 때, 그곳 복음주의자들은 새벽기도가 없는 대신에 아침마다 경건생활을 하는데 그것이 큐티라는 사실을 알게 되었습니다. 저는 서울에 돌아와서 『빛과 소금』을 창간하며 '내가 한국 교회에 일으킬 수 있는 유일한 그리고 가장 중요한 운동 중 하나가 큐티 사역이구나'라고 생각해서 『생명의 삶』을 만들기 시작했습니다. 그때가 아마 1985년이었으리라고 생각합니다. 벌써 20년 넘는 세월이 흘렀지만 한 번도 이 큐티 사역에 대해 제가 절망해 보거나 좌절해 본 적이 없습니다. 하면 할수록 제 마음은 성령의 기름 부으심으로 불타 올랐습니다. 지금 제 마음에 구호가 하나 있습니다. "백만 큐티운동"입니다. 우리 한국 교회 성도들이 정말 하나님의 말씀을 묵상하고, 하나님의 음성을 듣는 그리스도인의 삶을 산다면 한국 교회가 이렇게 혼돈스럽지는 않을 것입니다. 저는 우리가 세상의 빛과 소금이 될 수 있을 것이라는 확신을 지금도 가지고 있습니다. 매일매일 큐티생활에 전념하며, 큐티 전도사가 되기를 바랍니다.

큐티는 하나님과의 만남이 최우선순위입니다

한국 교회 성도님들은 일반적으로 성경공부하고 암송하고 말씀 듣고 연구도 하지만 낙제감이 하나 있습니다. 묵상을 못한다는 것입니다. 기도는 있어도 묵상은 없습니다. 소리 지르는 건 있어도 조용히 하나님의 음성을 듣고 깊이 그 말씀을 묵상하는 훈련이 참 안 되어 있습니다. 묵상 과정이 약하기 때문입니다. 그래서 큐티를 못하는 것입니다. 큐티에서는 묵상이 아주 생명처럼 중요한 과정입니다.

우리들의 신앙생활에서 기도를 많이 해야 하지만 그 속에 말씀이 없으면 기도는 공허한 것이 됩니다. 그냥 기도만 하면 위험합니다. 동시에 말씀만 읽어도 위험합니다. 기도가 없으면 교만해지고 굉장히 현학적이게 됩니다. 그래서 말씀을 깊이 묵상하는 훈련이 필요합니다. 말씀을 깊이 묵상하면 하나님을 만나게 됩니다. 하나님의 마음에까지 들어가게 됩니다. 또 예수 그리스도의 인격에 우리가 접촉되기 시작합니다. 하지만 묵상하지 않으면 그게 안 됩니다.

그리고 묵상된 그 결과를 가지고 적용하는 일이 필요합니다. 적용 없는 큐티는 열매 없는 나무와 같습니다. 매일매일의 생활에 하나님의 말씀을 적용하는 것처럼 중요한 것이 없습니다. 묵상한 말씀을 당신의 성격에 적용하십시오. 오늘 하루의 삶에 적용하십시오. 인간관계에 적용하십시오. 내 삶의 목표에 적용하십시오.

이 적용한 사실들을 노트에 쓰고 그것을 지체들과 나누시기 바랍니다. 이것이 바로 큐티 전체의 맥입니다. 잘 안 되면 전부다 하려 하지 말고 일부분이라도 하십시오. 30분 큐티가 안 되면 7분 큐티부터 시작하십시오. 7분 큐티에서는 그냥 말씀 읽으면 7분이 흐릅니다. 그저 한 번 읽으면 됩니다. 노트 쓰고 다 귀찮으면 그저 읽기부터 시작하십

오. 그것도 안 되면 방송을 들으십시오. 최소한 그걸 들을
수는 있습니다. 그냥 듣고 흘리십시오. 더 이상 변명의 여
지가 없습니다.

그러다 조금 익숙해지면 저절로 그것을 묵상하게 될 것
입니다. 묵상하면 적용하게 될 것입니다. 적용하면 노트에
쓰고 싶을 것입니다. 노트에 쓰면 나누고 싶을 것입니다.
나눌 때 기적이 일어납니다. 그리스도인에게 하나님을 아
는 것과 그리스도의 인격과 상관없는 기적은 없습니다. 병
이 나았다, 그래서 어쨌다는 겁니까? 약 먹어도 병은 낮을
수 있습니다. 그러면 하나님이 내 병을 고쳐 주셨다는 것은
무엇을 의미합니까? 병 고침의 기적은 하나님을 아는 것과
연결되어야 합니다. 그리스도의 인격과 연결되어야 합니
다. 그리고 복음 선포와 연결되어야 합니다. 그래야만 그
기적은 의미가 있는 것입니다. 이런 측면에서 날마다 차고
넘치는 풍성한 은혜가 삶 속에 충만하기를 다시 한 번 바랍
니다.

큐티할 수 있는 유일한 비결은 우선순위를 결정하는 것

입니다. 그러면 큐티가 쉬워집니다. 하루의 삶 속에서 무엇이 가장 중요합니까? 하루를 살아가는 데 제일 중요한 것이 무엇입니까? 하나님과의 만남에 우선순위를 두고 있습니까? 만약 그것이 중요하다고 느끼면, 하나님을 만나는 것으로 하루를 시작하게 될 것입니다. 그러나 그것이 중요하다고 느끼지 못하면 그냥 생활 속에 묻히게 됩니다. 그 차이입니다. 중요하게 느끼면 합니다.

큐티는 보석처럼 빛나는 놀라운 프로그램입니다

큐티는 신앙생활에서 보석처럼 빛나는 놀라운 프로그램입니다. 지속적으로 이 큐티를 계속한다면 당신의 삶에는 놀라운 변화와 영적인 열매가 맺어질 것을 저는 확신합니다.

큐티가 왜 중요합니까? 그것은 매일매일 하나님을 만나

는 프로그램이기 때문입니다. 우리는 주일날 교회에 가서 설교를 들을 때, 하나님의 음성을 들을 수 있습니다. 또 성경공부를 할 때, 하나님의 음성을 들을 수 있습니다. 개인적으로 성경을 읽을 때도 하나님을 만날 수 있습니다. 그러나 큐티는 이런 것과는 좀 다른 독특한 프로그램입니다. 단순히 성경을 읽거나 단순히 성경공부하는 프로그램이 아니기 때문입니다.

큐티는 매일매일 음식을 먹듯 일정한 양의 하나님의 말씀을 날마다 깊이 묵상하여 내 삶에 영적인 양식으로 먹는 프로그램입니다. 그래서 큐티에서 가장 중요한 것은 묵상입니다. 하나님과 만나는 깊은 묵상이 큐티의 핵심이라고 할 수 있습니다. 큐티의 또 하나의 핵심은 묵상된 말씀을 적용하는 일입니다. 적용하지 않는 큐티는 진정한 큐티라고 할 수 없습니다. 내 삶에 변화를 만드는, 진정으로 내 삶의 변화를 유도하는 그런 적용에 까지 이르는 것이 큐티이기 때문입니다.

사실 이 큐티의 원조는 예수님이라고 할 수 있습니다.

예수님은 마가복음 1장 35절에서 보듯 "새벽 오히려 미명에 한적한 곳으로 가사 거기서" 기도하셨습니다.

예수님은 사역하는 시간보다 하나님과 개인적으로 교제하고 만나는 시간을 더 많이 가졌습니다. 밤이 맞도록 기도하셨고, 새벽 미명에 일어나서 기도하셨고, 하나님의 말씀을 묵상하셨습니다. 인기가 많았을 때도, 기적이 일어났을 때도, 언제나 대중을 피하고 인기를 피하고 조용히 하나님과 일대일 만남을 가지셨습니다. 그렇습니다. 승리하는 삶의 비결은 하나님과 얼마나 깊이 만나는가에 있으며, 하나님의 말씀을 얼마나 깊이 묵상하고 그 묵상된 말씀을 내 삶에 어떻게 적용하느냐에 있는 것입니다.

그래서 큐티하길 원하면, 먼저 결심이 중요합니다. 매일매일 사람을 만나기 전에, 무슨 일을 하기 전에 하나님을 먼저 만나겠다는 결심이 중요합니다. 30분 정도, 아니 1시간 정도면 더 좋겠습니다. 조용한 장소에서, 하나님과 은밀히 만나는 장소에서, 아무에게도 방해를 받지 않는 그런 곳에서 하나님을 만나겠다는 마음의 결심이 중요합니다.

큐티하기 전에 먼저 하나님을 찬양하는 아름다운 축복이 있게 되길 바랍니다. 찬양은 마음의 문을 열게 하며, 하나님의 임재를 경험하게 하는 하나님의 방법이기 때문입니다.

기도하고 찬양으로 준비하고 난 다음 당신의 손에는 성경책이 들려져 있을 것입니다. 성경책은 아무렇게나 이것저것 찾아 읽는 것이 아니라, 주어진 본문을 지속적으로 읽는 것이 중요합니다. 이런 의미에서 큐티 가이드인 『생명의 삶』의 인도를 받는 것이 가장 현명한 방법 중 하나가 될 거라고 생각합니다.

주어진 본문을 3번 정도 반복해서 읽을 때, 당신은 하나님의 음성을 듣게 될 것입니다. 따라서 첫 번째는 이해를 위하여 읽습니다. 두 번째는 통찰력을 위해서 읽습니다. 세 번째는 적용을 위해서 읽는 것입니다. 이렇게 읽어 가는 동안 하나님의 말씀은 당신 안에 들어올 것이며, 그 하나님의 말씀은 곧 하나님의 임재와 능력으로 변할 것입니다.

이렇게 묵상하고 적용된 말씀은 그냥 느끼고 마는 것이 아니라, 가능하면 노트나 여러 큐티지에 적어 두는 것이 중요합니다. 글을 쓰면 생각이 정리되기 때문입니다. 또 글을 쓰면 나중에 잊어버리지 않고, 그것을 영적 유익을 위하여 쓰는 데 도움이 되기 때문입니다. 이렇게 해서 글을 쓰게 되면 기도하고 싶은 충동에 사로잡히게 될 것입니다. 오늘 큐티한 내용 중 내가 받은 교훈, 내가 버려야 할 일들, 내가 선택해야 할 사건들, 내가 따라야 할 모범들, 내가 회개할 죄들을 하나님께서 깨닫게 해 주실 것입니다. 당신은 성령께서 인도하시는 대로, 하나님이 오늘 주신 그 말씀을 가지고 깊이 기도하면서, 다시 한 번 찬양으로 들어가게 될 것입니다. 오늘 나에게 말씀을 주신 하나님, 나에게 교훈을 주신 하나님, 나에게 격려와 용기를 주신 그 하나님을 찬양하게 될 것입니다. 견딜 수 없는 뜨거운 마음이 되면, 이제 이것을 가지고 누군가와 나누십시오. 오늘 이 말씀을, 이 축복을, 이 은혜를 나누어야 할 친구들을 하나님께서 가르쳐 주실 것입니다. 그들에게 전화하십시오. 그들을 찾아가십시오. 그리고 받은 은혜를 나누십시오. 요즘은 블로그나 미니 홈피를 이용할 수도 있습니다. 그리고 많은 사람들이 들어

와서 당신이 나눈 큐티를 발견할 수 있도록 하면, 생각지도 못했던 많은 사람들이 당신이 받은 그 은혜를 가지고 또 한 번 새로운 승리를 경험하는 축복을 누리게 될 것입니다.

큐티는 쉬운 일이 아닙니다. 매일 밥을 먹듯이, 큐티 또한 정기적으로 날마다 꾸준히 하는 것이 중요합니다. 실패했을지라도 계속해 보십시오. 큐티하다가 쉬는 때가 있어도 두려워하지 말고 다시 또 시작해 보십시오.

큐티를 하다 보면 율법주의에 빠지기 쉽습니다. 다른 사람이 큐티하지 않을 때, 그 큐티하지 않는 것을 정죄하는 마음을 갖기 쉽습니다. 이런 교만을 경계해야 합니다. 또 자신이 큐티하지 못할 때, 좌절감에 빠지기 쉽습니다. 큐티를 안 한다고 해서, 신앙생활을 안 하는 것이 아닙니다. 이런 위험성에 빠지지 않게 되기를 바랍니다.

큐티를 잘 하는 비결은 다른 사람에게 큐티하도록 권면하는 것입니다. 당신의 안방을 큐티 방으로 바꿔 보십시오. 만남을 큐티하는 만남으로 바꿔 보십시오. 그리고 큐티를 위해서 헌신자가 되어 보십시오. 큐티 전도사! 얼마나 멋있는 말입니까?

오늘 말씀을 통하여 당신도 살고, 당신의 가정도 살고, 주변 많은 친구들에게도 희망을 주고, 용기를 주고, 영적인 재생산을 공급할 수 있는 그런 놀라운 축복을, 그리고 격려를 나누기 바랍니다.

말씀을 통해 삶 전체를
하나님의 선한 인도하심에 맡기십시오

아브라함의 경우도 마찬가지이며 이삭의 경우도 마찬가지겠지만, 야곱의 경우를 보면 정말 하나님께서 필요한 때마다 나타나셔서 말씀해 주시고, 위로해 주시고, 격려해 주십니다. 지금도 성령님께서는 우리에게 말씀해 주십니다. 무엇을 통해서입니까? 말씀을 통해서, 기도를 통해서 우리에게 권면해 주십니다. 그러므로 하나님의 음성을 듣지 못한 사람들은 얼마나 삭막하게 예수를 믿겠습니까? 이게 하나님이 주신 말씀인지 아닌지를 전혀 감을 잡지 못하니까 확신이 없습니다. 그러니 경건의 시간을 가져야 합니다. 큐티해야 합니다. 그래야 아침에 일어나서 하나님께서 해 주시는 말씀을 알아듣지요.

저는 다른 소리는 잘 못 들어도 수화기를 탁 들으면 제 아내 목소리는 금방압니다. 왜 그런 줄 아십니까? 제 아내이기 때문입니다. 하나님의 사람은 누구 음성을 금방 아는 줄 아세요? 하나님의 음성을 금방 압니다. 성경을 한 장만 읽어도 나에게 주시는 말씀이 뭔가를 구분해 냅니다. 그것이 예리하게 탁 짚어집니다. 그게 하나님의 말씀이라고 아는 것입니다. 그런데 그걸 모르는 사람들은 성경을 암만 봐도 나에게 주시는 말씀이 없습니다. 그걸 모르면 자꾸 헛갈려서 딴 짓을 합니다.

오늘 아침에 하나님이 하루를 살 수 있도록 주신 말씀이 있었습니까? 매일 아침 일어나서 하나님이 나에게 주시는 말씀이 있나 없나 점검하고 그것을 씹으세요. 하루 종일 되새김질하면서 살면 그날 하루에 놀라운 은혜가 넘치게 됩니다. 그것을 발견해 내자는 얘기입니다. 그것을 뽑아내자는 얘기입니다. 그것을 찾아내자는 얘기입니다. 어떤 때는 용서하라는 말씀일 수 있습니다. 어떤 때는 전도하라고 하는 강력한 권면일 수 있습니다. 어떤 때는 게으르지 말라고 하는 말씀이 될 수도 있습니다. 어떤 때는 고난을 감당하라는 말씀일 수도 있고, 핍박 속에서 견뎌 내라는 말씀이 될 수도 있습니다. 어떤 때는 구제하라는 말씀이 될 수도 있습니다. 어떤 때는 말씀을 선포하라는 명령이 올 때가 있습니다. 다 다릅니다. 그때마다 하나씩, 하나씩 그것을 자기 것으로 삼으면 분명히 우리 삶 전체가 하나님의 선한 인도하심을 받게 됩니다.

말씀에 붙잡힌 큐티 지도자가 되십시오

말씀에 접근이 안 되면 하나님께로 접근이 안 되는 것입니다. 저는 당신이 성경 베끼는 사람이 되기를 바랍니다.

성경을 쓰십시오. 성경을 읽으십시오. 매일매일 통독하시고 큐티하십시오. 그러나 성경을 제일 잘 배우는 방법은 가르치는 것입니다. 큐티 지도자가 되십시오.

자신을 말씀에다 묶어 놓으세요. 도망 못 가게…. 인간은 기분 좋을 때는 예수 잘 믿지만 좀 피곤하고 시험 들고 힘들면 다 도망갑니다. 성경을 배울 때는 졸 수 있어요. 그러나 성경을 가르칠 때는 절대 못 줍니다. 의무적으로라도 가르쳐야 합니다. 그런 사람이 되십시오. 그리고 때를 얻든지 못 얻든지 말씀을 배우고 가르치십시오. 그때 당신은 하나님과 더불어 교제하며 사는 축복을 누리게 될 것이며, 피곤하고 힘들고 유혹받을 때도 쉽게 그 모든 어려움들을 넘어가게 될 것입니다. 왜냐하면 말씀이 당신을 붙들고 있기 때문입니다. 마귀는 그 유혹의 핵심을 잘 알아서 다른 것은 다 하게 합니다.

"단, 성경만 읽지 말아라. 단, 설교만 듣지 말아라. 교회 와도 설교 시간에는 졸아라. 교회 와서 다른 일 열심히 해라. 청소하고 안내하고 이런 것 열심히 하고 설교 시간은 빠져라."

이게 바로 마귀의 유혹인 것입니다.

큐티 지상주의는 위험합니다

뭐든지 극단으로 가는 것은 안 좋습니다. 큐티 지상주의로 가도 위험합니다. 그래서 큐티를 오래 한 사람들은 큐티에 지쳐 있는 걸 발견합니다. 큐티하자면 아주 학을 떼요. 10년 한 사람들을 보면 오히려 그 프로그램에 지쳐 있는 걸 또 보게 됩니다. 그래서 조화를 갖는 생동감 있는 그리스도인의 삶이 참 중요합니다. 하나님과의 생동적인 관계를 잘 소화할 수 있어야 합니다. 이 큐티 매너리즘에 빠지면 안 하느니만 못하게 됩니다. 그래서 그것도 우리가 경계해야할 아주 중요한 것 중 하나입니다. 프로그램을 위해서 큐티를 하는 것이 아니기 때문입니다. 큐티는 어떤 형식을 갖추었든지 갖추지 않았든지 간에 매일매일 규칙적으로 하나님과 깊은 교제와 묵상의 시간을 갖는 것을 의미하기 때문입니다.

생각하는 시간보다 기도하는 시간이 많아야 하고, 일하는 시간보다 주님을 만나는 시간이 더 많아야 함에도 불구하고, 현실적으로 부딪치는 일들 뒤처리하다 보면 결국 자신을 합리화하며 충분하게 기도하고 묵상하고 안식하지 못한 채 말씀을 증거하는 때가 많아지고 있는 위기를 저는 제 자신 안에서 많이 보게 됩니다. 그래서 일단 일을 정지하고 빨리 제 위치로 돌아가지 않으면 내 영혼이 갈급해서 견딜 수 없는 상황까지 갈 수 있습니다. 그것은 저만의 문제가 아니라고 생각합니다. 특별히 바쁜 사람들, 일에 쫓기고 있는 사람들이 겪는 공통의 문제라고 생각됩니다.

또 큐티하는 사람이 특별히 경계하고 조심해야 할 점은 성경의 다독을 경시하는 태도입니다. 저는 이 부분을 보완하기 위해 굉장히 애씁니다. 큐티는 짧은 양의 구절을 읽기 때문에 자칫 잘못하면 성경 다독의 기회를 잃어버리기 쉽습니다. 성경을 정독하고, 묵상하고, 적용하는 것도 필요하지만 하루 종일 성경을 읽고 많이 읽는 다독도 결코 버릴 수가 없습니다.

큐티의 또 다른 약점 중 하나는 깊은 기도를 경시하는 것입니다. 철야기도라든지 금식기도 등을 통해 정말 하나님과 깊이 기도해야 할 시간을 가져야 하는데, 큐티를 하다 보면 매일매일 음식이 맛있으니까 그것 먹고 만족하고 말게 됩니다. 더 깊이 있는 어떤 영적인 깊은 체험에 들어가지 못하는 약점도 있다는 것을 이해해야 합니다.

그리고 큐티는 나를 추구하기 때문에 자칫 잘못하면 이웃을 등한히 하게 되고, 나를 너무나 강조하기 때문에 이웃과의 관계를 경시하는 약점도 있습니다. 그래서 큐티하는 사람은 꼭 교회 공동체에 속해 있어야 합니다. 그렇지 않으면 퀘이커교도같이 돼 버립니다. 선교단체들 가운데 일부 극단주의적 태도를 보이는 단체처럼 돼 버리기 쉽습니다. 그래서 이런 점을 조심하면서 신앙생활하는 것이 좋겠습니다.

성령이 임하는 곳에는 자유가 있습니다. 영적인 이 자유를 누리는 것이 바로 큐티입니다. 그러니까 절대 큐티가 기계적이어서는 안 됩니다. 제가 『생명의 삶』을 발행하는 사람이지만 어떤 때는 그것 자체가 나를 제한시키거나 기계적으로 만들 땐 잠깐 쉬라고까지 얘기하고 싶습니다. 매너리즘에 빠지는 것만큼 위험한 게 없기 때문입니다. 큐티를 하다가 지쳤으면 좀 쉴 것을 권면합니다. 다시 생기를 얻어서 하나님과의 생동적인 관계를 갖는 것이 중요한 것이지, 어떤 프로그램을 계속해 가는 것은 중요한 것이 아닙니다. 제자훈련도 마찬가지입니다. 우리에게는 하나님과의 끊임없는 생동적인 관계가 중요합니다. 그렇지만 너무 오래 걸리지 않도록 하십시오. 환자에게 의원이 필요하듯이 큐티는 당신의 영혼을 건강하게 하는 하나님의 선물이기 때문입니다. 제가 경험한 것처럼 당신의 삶이 큐티를 통해 행복해지길 바랍니다.

2008년 9월

하용조 드림

우리들의 신앙생활에서 기도를 많이 해야 하지만 그 속에 말씀이 없으면 기도는 공허한 것이 됩니다. 그냥 기도만 하면 위험합니다. 동시에 말씀만 읽어도 위험합니다. 기도가 없으면 교만해지고 굉장히 현학적이게 됩니다. 그래서 말씀을 깊이 묵상하는 훈련이 필요합니다. 말씀을 깊이 묵상하면 하나님을 만나게 됩니다. 하나님의 마음에까지 들어가게 됩니다. 또 예수 그리스도의 인격에 우리가 접촉되기 시작합니다.

큐티는 특별한 사람들만 하는 것이 아닙니다.
하나님의 말씀을 규칙적으로, 스스로,
매일 듣고 싶은 사람들이 하는 훈련입니다.

제1장

큐티의 의미

QUIET TIME

제1장

큐티의 의미

큐티는 프로그램이 아닙니다. '내가' '하나님의 말씀'을 '규칙적'으로 '스스로' '매일 듣는 훈련'을 하는 일입니다.

온누리교회에 오면 제일 먼저 하는 것이 큐티입니다. 큐티란 하루에 약 30분 정도 하나님 말씀을 묵상하는 것입니다. 큐티는 Quiet Time의 약자입니다. 우리말로 번역하면 '조용한 시간', '경건한 시간'이라고도 합니다. '하나님을 만나는 시간'이라고도 하고 '하나님과 교제하는 시간', '성령의 인도를 받는 시간'이라고 말하기도 합니다. 어떤 사람은 '주님과 나만의 시간'이라는 표현을 하기도 합니다.

온누리교회에는 기본적인 양육체계가 있습니다. 먼저, 새신자 등록과정이 있고, 새신자 등록과정을 마치면 큐티를 합니다. 그 만큼 큐티의 중요성을 강조합니다. 우리가 항상 교회에 있거나 목사님 옆에 있을 수 없기 때문입니다. 새벽기도는 신앙생활의 10분의 1입니다. 그럼 10분의 9는 어떻게 합니까? 목사님이 안 계시면 그들의 신앙은 죽어야만 할까요? 아닙니다. 자기 스스로 매일 30분 정도 하나님의 양식을 먹고, 그 다음 묵상하고, 적용하고, 나눌 수 있는 그런 기본적인 틀을 만들어 놓아야 합니다. 아침에 일어나면 자연히 밥상으로 가듯, 하나님 말씀도 마찬가지입니다. 이처럼 큐티하는 법을 훈련받고 나면, 그 다음 6개월은 누구나 큐티를 가르칠 수 있도록 훈련을 받습니다. 큐티는 부름받은 그리스도인으로서 가르치고 전파할 소명이기 때문입니다.

1. 큐티는 어떻게 시작되었을까요?

세계를 변화시킨 영적인 운동들이 많이 있는데 그중 하나가 영국 캠브리지 대학에서 후퍼(Hooper)와 토튼(Thorton)을 비롯한 몇몇 학생들이 시작했던 경건 훈련 운동이었습니다.

이들은 자신들이 그리스도인임에도 불구하고 마음과 생활이 '세속적인 경향'으로 차 있는 것을 발견하고, 기도하면서 해결 방법을 찾기 시작했습니다. 거룩을 유지하기 위해서 그들이 찾아낸 방법은 '하루 생활 중 얼마를 성경 읽기와 기도로 보낸다'는 것이었습니다. 그들은 이것을 '경건의 시간' (Quiet Time)이라고 불렀고, '경건의 시간을 기억하자'라는 슬로건을 외치며 신앙생활을 해 나갔습니다. 결국 이들 캠브리지의 7인은 중국 선교사로 헌신했고 평생을 하나님과 동행하면서 주님의 사역을 감당해 나갔습니다. 후에 이들의 경건 훈련 방법인 '경건의 시간'을 여러 사람들이 사용하기 시작했고, 놀라운 영적 능력이 계속해서 나타나게 되었습니다. 이것이 수많은 선교사, 설교자, 사역자들의 영성을 뒷받침하는 경건 훈련의 방법으로 큐티의 시작이 되었습니다.

2. 큐티의 목적은 무엇일까요?

1 세상에서 승리하기 위함입니다

큐티의 근본적인 목적은 하나님과의 교제입니다. 하나님께서는 인간들보다 훨씬 더 이를 원하고 계십니다. 하나님께서는 매일 우리가 드리는 경배를 원하고 계십니다. 연인들끼리는 얼마나 같이 있고 싶어합니까? 우리를 사랑하시는 하나님도 우리와 교제하고 함께하기를 진심으로 원하십니다.

큐티의 또 다른 목적은 그날의 힘을 얻는 것입니다. 그리스도인의 생활은 죄악과의 싸움이며, 세상과 사탄과의 전쟁입니다.

"우리의 씨름(싸움)은 혈과 육에 대한 것이 아니요 정사와 권세와 이 어두움의 세상 주관자들과 하늘에 있는 악의 영들에게 대함이라"(엡 6:12).

이 세상에서 승리하는 신앙생활을 할 수 있는 가장 좋은 방법, 그것이 큐티입니다. 또한 이것을 통해서 우리는 지상 생활뿐 아니라 영원한 나라에서까지 큰 유익이 있음을 알게 될 것입니다.

2 일용할 양식을 얻기 위함입니다

왜 매일 밥을 먹어야 할까요? 너무 당연하고 어리석은 질문인지도 모르겠습니다. 우리 몸이 살기 위해서는 밥을 먹어야 합니다. 아침에 깨서 일어나면 아침 식사를 하게 됩니다. 국과 찬의 종류가 달라지고, 안에서 먹느냐 밖에서 먹느냐 하는 변화는 있을 수 있습니다. 사정이 여의치 않을 때는 몇 끼 거를 수도 있습니다. 하지만 확실한 것은 결국 먹긴 먹는다는 것입니다.

사람만 먹는 것이 아닙니다. 동물도 먹어야 하고 식물도 자라기 위해서는 적당한 공기와 햇빛과 물이 꼭 필요합니다. 육체적으로만 먹는 것이 아닙니다. 우리의 영혼에도 꼭 필요한 자양분이 있습니다. 결코 불규칙적이어서는 안 됩니다. 매일 꼬박꼬박 공급되어야만 합니다. 이스라엘 백성들이 광야에서 만나를 얻은 것처럼 오늘 우리도 광야와 같은 이 세상을 살아가면서 매일매일 하나님이 주시는 만나를 얻어야만 잘 살아갈 수 있습니다. 이 영의 양식, 하나님이 주시는 만나가 바로 하나님의 '말씀'입니다. 큐티란 영의 양식을 먹기 위한 훈련이자 그 양식을 '매일 먹는 것'을 가리킵니다.

3. 큐티란 이런 것입니다!

① 큐티란 하나님과 동행하는 것입니다

에덴동산에서 쫓겨난 사람들은 하나님과 동행할 수 없었습니다. 그런데 에녹만은 하나님과 동행했습니다. 에녹이 훌륭한 사람이라는 언급은 성경 어디에도 없습니다. 그에 대한 설명은 오직 300년 동안 하나님과 동행했다는 것뿐입니다.

믿음이란 뛰어난 업적을 쌓는 것이 아닙니다. 하나님과 함께 동행하는 것입니다. 에녹의 특징은 그가 큰 일을 한 것이 아니라 하나님을 기쁘시게 한 사람이라는 데 있습니다. 믿음의 사람이란 하나님을 기쁘시게 하는 사람입니다. 우리가 하나님과 동행하는 것만큼 하나님을 기쁘시게 하는 일은 없습니다. 이 세상에서 가장 안전하고 옳은 길은 하나님과 함께 동행하는 길입니다. 하나님께서 가시는 길로만 따라가면 틀림이 없습니다. 비록 길을 잃어버렸을지라도 하나님만 따라가면 가장 안전한 곳으로 가게 될 것입니다.

사람의 생각은 끝이 있고 연약하지만, 하나님의 생각은 끝이 없고 오히려 새 힘이 솟아나게 합니다. 말씀이 없는 곤고한 사람들은 사탄의 생각을 자기의 생각이라고 오해합니다. 하지만 말씀 속에는 하나님의 생각이 있습니다. 큐티 할 때 하나님의 생각을 깨달을 수 있고 그분의 길을 찾을 수 있습니다.

'어떻게 다시 시작할까?'라는 질문 앞에 오직 한 가지 대답이 있습니다. 그것은 하나님과 함께 시작하는 것입니다. 이 세상에서 가장 안전하고 옳은 길은 하나님과 함께 동행하는 길입니다. 하나님께서 가시는 길로만 따라가면 틀림이 없습니다. 비록 길을 잃어버렸을지라도 하나님만 따라가면 가장 안전한 곳으로 가게 될 것입니다.

② 큐티란 하나님과 비밀친구가 되는 것입니다

큐티란 하나님과 비밀을 털어놓는 사이가 되는 것입니다. 누구나 더 친한 사람이 있고 덜 친한 사람이 있습니다. 더 친한 사람에게는 마음에 있는 비밀을 털어놓습니다. 그러나 덜 친한 사람에게는 말을 골라서 합니다. 어느 정도 이상의 이야기는 하지 않습니다. 하나님을 믿되 그분과 친해지기 바랍니다. 개인적으로 친해지십시오. 하나님을 잘 믿고 교회도 열심히 나오는데 그냥 스쳐 지나가듯 전혀 하나님과 친하지 않은 사람이 있습니다. 이런 사람은 아무리 교회에 오래 다녀도 변화가 없습니다. 그러나 하나님과 친한 사람은 하나님의 음성도 듣고 그분의 비밀도 알게 되며 자신의 비밀도 하나님께 알려 드릴 수 있습니다. 매일 큐티하는 사람은 하나님의 비밀을 알 수 있습니다.

적용의 지혜

신앙이란 그냥 교회에 나오는 것만을 의미하지 않습니다. 부활하신 예수님을 만나야 합니다. 도마처럼 그분의 손을 만져 보고 그분의 옆구리를 만져 보아 그 살아 있는 인격체를 내 삶 속에서 경험할 때에야, 그러니까 정말로 살아 역사하시는 주님을 목격할 때에야 내 삶과 인생이 결정적으로 변하게 되는 것입니다.

③ 큐티란 성경 속의 보물을 찾는 시간입니다

큐티란 자신의 마음에 와 닿는 특별한 말씀을 찾아내는 시간입니다. 우리가 큐티를 할 때 성령님께서 우리들 각자에게 주시는 말씀이 있습니다. 성령님께서 그 말씀이 우리 마음에 와 닿도록 역사하시는 것입니다. 각자에게 주시는 말씀은 성령님이 내 눈으로 그 말씀을 포착하게 하여 내 마음에 와 닿도록 역사하신 것입니다. 큐티란 그날 그날 우리에게 주시는 보석과 같은 말씀을 찾아내는 시간입니다. 우리에게 이미 주신 66권의 말씀 가운데 '나에게 주신 말씀을 찾는 시간'입니다.

④ 큐티란 금생과 내생의 약속을 위한 연습입니다

바울은 "망령되고 허탄한 신화를 버리고 오직 경건에 이르기를 연습하라 육체의 연습은 약간의 유익이 있으나 경건은 범사에 유익하니 금생과 내생에 약속이 있다"(딤전 4:7-8)고 말했습니다. 큐티란 금생과 내생에 분명한 약속이 있는 연습입니다. 또 에베소서에서 바울은 "우리가 다 하나님의 아들을 믿는 것과 아는 일에 하나가 되어 온전한 사람을 이루어 그리스도의 장성한 분량이 충만한 데까지 이르리니"(엡 4:13)라고 말씀하고 있습니다. 큐티란 주 예수 그리스도를 아는 일에 대하여 장성한 분량에 이르는 훈련입니다. 이러한 훈련은 "나더러 주여 주여 하는 자마다 천국에 다 들어갈 것이 아니요 다만 하늘에 계신 내 아버지의 뜻대로 행하는 자라야 들어가리라"(마 7:21)는 예수님의 말씀을 실천하게 해 줍니다. 예수님은 과연 누가 천국에 들어갈 자격이 있는가에 대해 말씀하실 때 '주여 주여 하는 자'가 아니라 '다만 하늘에 계신 아버지의 뜻대로 행하는 자'라고 말씀하셨습니다. 우리가 어떻게 아버지의 뜻대로 행할 수 있을까요? 먼저 각자의 삶에 주시는 하나님의 뜻을 알아야 합니다. 마음에 없는 입술의 고백만을 일삼는 사람은 천국에 들어갈 수 없습니다. 하나님의 뜻대로 행하는 자만이 하늘나라에 들어갈 수 있음을 기억하십시오.

갈라디아서 6장 7-10절에 보면 "스스로 속이지 말라 하나님은 만홀히 여김을 받지 아니하시나니 사람이 무엇으로 심든지 그대로 거두리라 자기의 육체를 위하여 심는 자는 육체로부터 썩어진 것을 거두고 성령을 위하여 심는 자는 성령으로부터 영생을 거두리라 우리가 선을 행하되 낙심하지 말찌니 피곤하지 아니하면 때가 이르매 거두리라 그러므로 우리는 기회 있는 대로 모든 이에게 착한 일을 하되 더욱 믿음의 가정들에게 할찌니라"고 했습니다. 자기의 육체를 위하여 심는 자는 육체로부터 썩어진 것을 거둘 것입니다.

성령을 위하여 심는 자는 성령으로부터 영생을 거두게 될 것입니다. 선을 행하되 낙심하지 말아야 할 것이며, 피곤하지 아니하면 때가 이르매 거두게 될 것입니다.

우리가 바라보는 궁극적 가치는 무엇입니까? 왜 살고 있습니까? 왜 이 세상에서 그러한 수모를 당하면서까지 그 고생을 합니까? 왜 이 부조리한 상황 속에서 수모를 겪으며 살아야 합니까? 거기에 의미가 있어야만 합니다. 거기에 대한 해답이 있어야 합니다. 그것은 땅의 보상이 아니라 하늘의 영원한 보상 때문입니다. 이것을 믿으십시오.

5 큐티란 영혼의 일기를 쓰는 것입니다

빌 하이벨스 목사님은 '일기 쓰는 일'에 대해서 다음과 같이 말한 적이 있습니다.

"수년 동안 여러 교회와 모임을 다니면서 매일의 일상을 통해 반복되는 인위적인 기독교의 함정에 빠지지 않으려고 나름대로 애쓰는 지도자들을 자주 만나 보게 되었다. 나는 이런 분을 만날 때마다 그 비결이 무엇인지를 물어 보았다. 그런데 대부분이 하시는 말씀은 '일기 쓰기'였다. 즉, 자신의 하루 생활을 돌아보고 평가한 것을 기록으로 남긴다는 것이었다."

복음서에서 보면 예수님께서 "깨어 있으라! 주의하라! 깨어라!"고 수차례 말씀하고 계시는 것에 놀라지 않을 수 없습니다. 일기를 쓰다 보면 당신은 안팎에서 계속 일어나고 있는 일을 더욱 의식하게 됩니다. 또한 당신 안에서 역사하시는 성령의 감동하심에 민감할 수 있을 것입니다.

① 영혼의 일기 쓰기 시작하기

만일 당신이 이제 막 일기 쓰기를 시작하려 한다면 일기장을 대할 때 어색한 느낌이 들 것입니다. 이것을 극복하는 최선의 길은 지금 당장 일기 쓰기를 시작하는 것입니다. 왜 영혼의 일기를 써야 하는가에 대해서 로날드 글럭은 여러 가지 이유를 들어 설명하고 있습니다.

"자기 발견을 위한 도구이기도 하며 또한 영혼의 거울

이다."

"나에게 일기를 쓰는 시간은 안식의 시간 곧 휴식과 고독의 시간, 하나님과 함께하는 시간, 그의 말씀을 묵상하는 시간, 그의 뜻을 찾는 시간, 내가 받은 통찰력을 기록하는 시간으로 여겨진다."

"많은 사람들은 자신의 인생에 의미를 부여해야 하는 필요 때문에 일기 쓰기를 시작한다."

② 영혼의 일기 쓰기

큐티를 할 때 꼭 기록해야만 하는 것은 아닙니다. 그러나 묵상하고 적용된 말씀은 그냥 느끼고 마는 것이 아니라 노트나 큐티책의 여백 등에 적어 두는 것이 좋습니다. 글을 쓰면 생각이 정리됩니다. 그리고 그 말씀을 그냥 흘려 버리지 않고 자신 안에 가두어 두는 데 유익합니다. 영혼의 일기를 쓸 때 가장 주의해야 할 점은 말씀에 근거한 일기를 써 내려가야 한다는 것입니다. 본문의 내용이 어떤 말씀인지 그 내용을 글로 써 보는 것이 중요합니다.

6 큐티란 개인의 삶과 사역을 이끌어 가는 힘입니다

큐티야말로 그리스도인의 일상생활의 핵심이 되는 시간입니다. 여기서 실패한 그리스도인들은 믿음이 식기 쉽고 후퇴하기 쉽습니다. 선교 현장에 도착한 선교사 지원자들 중에서 누가 끝까지 잘 해 나갈 수 있는지는 처음엔 알 수 없습니다. 그 이유는 큐티를 얼마나 잘 지켜 나가느냐에 달려 있기 때문입니다. 큐티생활을 잘 해 나가는 사역자는 현장에서 흔들리지 않고 승리하게 됩니다. 또한 큐티하는 그리스도인은 주님과 더불어 나날이 자라며, 늘 영적으로 성공하는 삶을 살게 됩니다.

적용의 지혜

사역을 열심히 하다 보면 누구든지 탈진하고 허탈해지기 쉽습니다. 물론 여기에는 몇 가지 이유가 있다고 봅니다. 첫째, 사역을 시키시는 하나님보다 사역 자체에 너무 몰두했기 때문입니다. 둘째, 하나님의 힘보다는 자기의 능력으로 사역을 하려 했기 때문입니다. 셋째, 사역의 목표가 잘못됐기 때문입니다. 사역이란 많을 수도 있고 적을 수도 있으며, 있을 수도 있고 없을 수도 있습니다. 우리들의 존재란 사역 때문에 있는 것이 아닙니다. 우리는 하나님의 영광을 위하여 존재하며, 하나님의 명령이기 때문에 그 일을 하는 것입니다.

7 큐티는 영적 마라톤입니다

현대는 인스턴트 시대입니다. 옷이건 음식이건 기다릴 필요 없이 바로 사 오기만 하면 됩니다. 패스트푸드나 즉석 식품은 데우기만 하면 바로 먹을 수 있습니다. 외국어도 '몇 개월이면 귀가 뚫린다'거나 '00개 단어만 알면 회화가 된다'는 책이나 학원으로 사람들이 몰립니다. 그러나 하나님께서는 그분의 사람을 만드실 때 결코 인스턴트식 신앙인을 만들지 않으십니다.

세상이 급하니까 우리 예수 믿는 사람들도 급해져서 모든 것을 단시일에 속성으로 끝내려고 합니다. 이 큐티도 속성으로 끝내려고 하는 사람이 있습니다.

하지만 신앙에는 결코 '즉석'이라는 것이 있을 수가 없습니다. 신앙은 오랜 시간을 통해서 이루어집니다. 하나님께서는 훈련과 연단을 통해서 하나님의 사람을 만들어 내십니다. 하루이틀 배우고 큐티를 다 끝내려고 하는 사람들이 있지 않기를 바랍니다. 책 한 권 읽고 큐티를 다 알았다고 생각하면 안 됩니다. 큐티에 대해 배우는 것은 그저 시작에 불과합니다. 우리는 계속해서 시간과 싸워야 하고, 자기 자신과 싸워야 하며, 우리 속에 있는 죄의 습성과 싸워서 하나님의 뜻을 이루어야 합니다.

8 큐티란 '주신 말씀'을 기억하고 순종하는 것입니다

진정한 큐티란 '주신 말씀'을 기억하는 훈련입니다. 시편 기자는 "내가 주의 법도를 묵상하며 주의 도에 주의하며 주의 율례를 즐거워하며 주의 말씀을 잊지 아니하리이다"(시 119:15-16)라고 했습니다. 이와 같이 큐티란 오늘 나에게 주신 말씀을 잊지 않고 기억하는 일입니다. 더 나아가 큐티에는 말씀에 대한 철저한 순종이 포함됩니다. 주신 말씀을 기억한다는 것은 말씀에 대한 순종을 의미합니다. 즉, 진정한 큐티란 말씀에 대해 철저히 순종하는 삶입니다. 믿음에서는 '말씀을 끝까지 신뢰하고 순종하느냐'가 중요합니다.

말씀을 간직하고 잘 지키기 위해서는 '말씀을 간직하는 마음'이 필요합니다. 누가복음 8장 15절에서는 "좋은 땅에 있다는 것은 착하고 좋은 마음으로 말씀을 듣고 지키어 인내로 결실하는 자니라"고 했습니다. 주신 말씀을 기억하고 지키기 위해서는 '착하고 좋은 마음밭'이 중요한 것입니다. 즉, 자신의 마음속에 있는 욕심, 염려, 죄 등을 다 버릴 때 신령한 말씀이 명확하게 들릴 것입니다.

 Tips

"좋은 땅에 뿌리웠다는 것은 말씀을 듣고 깨닫는 자니 결실하여 혹 백 배 혹 육십 배, 혹 삼십 배가 되느니라"(마 13:23)

좋은 땅에 뿌리웠다는 것은 말씀의 씨가 잘 준비된 옥토에 뿌려져서 정상적으로 성장하는 것을 의미합니다. 마음밭이 좋은 사람은 천국 말씀을 듣고 그 말씀을 어린아이처럼 좋아하고 흡수하며 잘 깨달아서 자기 것으로 삼는 사람입니다. 이 사람은 어떤 특별한 행동을 한 것이 아닙니다. 그저 천국 말씀을 잘 받아들었습니다. 그런데 이 사람에게 조용한 기적이 일어나기 시작합니다. 말씀이 스며들기 시작할 때 천국의 능력, 천국의 기쁨, 천국의 모든 것이 내 안에서 역사합니다. 그렇게 미웠던 사람이 미워지지 않습니다. 용서할 수 없었던 사람이 용서가 됩니다. 모든 사람에게 분노하고 모든 사람을 정죄하던 그 사람이 자기의 죄를 고백하기 시작합니다. 자기의 가치관과 사고방식이 변하는 것을 느낍니다. 무엇인가 내 안에 변화가 일어나고 있다는 것을 자신이 느낍니다. 내 마음이 가난해지고 온유해지고 겸손해지고 하나님을 생각하게 되고 내 삶이 하나하나 정리되는 것을 느낍니다. 이것이 변화입니다. 이것이 바로 육십 배, 백 배 열매를 맺었다는 의미입니다.

마음밭의 중요성
마음밭에 따라 말씀 흡수가 다릅니다(마 13장).

마음밭의 종류
1. 길가: 듣지만 딴 곳에 생각이 집중되어 듣지 못함
2. 돌밭: 세상의 걱정이 생기면 말씀이 사라짐
3. 가시떨기: 자라기는 하지만 마음의 쓴 뿌리가 말씀을 억제함
4. 좋은 땅: 착하고 좋은 마음으로 말씀을 듣고 인내로 결실함

⑨ 큐티란 '나의 뜻'을 내려놓는 것입니다

나의 뜻을 버리는 것이 진정한 큐티입니다. 에베소서에서는 "이는 우리가 이제부터 어린아이가 되지 아니하여 사람의 궤술과 간사한 유혹에 빠져 모든 교훈과 풍조에 밀려 요동치 않게 하려 함이라 오직 사랑 안에서 참된 것을 하여 범사에 그에게까지 자랄찌라 그는 머리니 곧 그리스도라"(엡 4:14-15)고 했습니다.

큐티란 사람들의 궤사, 간사한 유혹에 빠져 세상 교훈과 풍조에 밀려가는 마음을 멈추는 것입니다.

'내 마음이 어디로 밀려가고 있는가?'를 잘 살펴보아야 합니다. 예수님은 "그러나 내 원대로 마옵시고 아버지의 원대로 되기를 원하나이다"(눅 22:42)라고 했습니다. 그러므로 큐티란 '나의 원'을 내려놓고 '아버지의 원'을 구하는 마음입니다. 먼저 '나의 원'이 무엇인지 인식하는 일을 해야 합니다. 그리고 기도하면서 나를 향하신 '하나님의 뜻'이 있다는 사실과 그것은 '나의 생각보다 더 지혜롭고 합당하다는 것'을 인식해야 합니다. 내 마음이 '나의 뜻'을 포기하고 '하나님의 뜻'을 온전히 받아들이고 내 삶에 수용할 때까지 기도로 씨름해야 합니다.

지금 나의 간절한 소원은 무엇입니까? 그 소원은 하나님의 뜻입니까? 오늘 큐티를 통해 나의 소원에 대해 하나님의 뜻은 무엇인지 잘 찾아보아야 합니다.

일반적으로 대부분의 기도는 나의 뜻을 이루기 위한 기도입니다. 그런데 예수님의 기도는 나의 뜻을 이루는 기도가 아니라 하나님 아버지의 뜻이 이루어지기를 원하는 기도입니다. 머릿속으로 생각할 때는 계획이 여러 가지 참 많습니다. 그러나 눈을 감고 기도하면 아버지의 계획이 보이기 시작합니다. 큐티란 내 뜻이 아버지의 뜻에 승복하는 과정입니다.

10 고수들의 원조 큐티를 배우십시오

큐티란 오랜 시간에 걸쳐 신앙훈련을 받는 것이라고 말씀을 드렸습니다. 그런 면에서 큐티와 가장 연관성이 깊은 사람을 꼽으라면 우선 아브라함을 생각하지 않을 수 없습니다. 아브라함은 노트를 쓰지 않았을지 모릅니다. 그러나 그는 하나님의 음성을 매일 들었던 사람이요, 하나님과 동행했던 사람이요, 하나님의 훈련을 잘 받았던 사람입니다.

큐티에서 특별히 중요한 것은 시간 싸움입니다. 하나님은 아브라함에게 25년의 세월을 기다리도록 훈련하셨습니다. 큐티는 나의 뜻을 내려놓고 하나님의 뜻을 구하는 것이라는 말씀도 앞서 드렸습니다. 아브라함이 자기를 포기하기까지는 25년이 걸렸습니다. 자기 식으로 믿고 행동하고 주장하던 그 모든 것을 포기하고 "이제는 하나님 식으로, 하나님의 방법으로 내가 순종하겠습니다"라고 고백했습니다. 믿음은 결단입니다. 시험하고 비교해서 제일 좋은 것을 선택하는 것이 아닙니다.

뿐만 아니라 아브라함이 약속의 장소에 갔을 때 하나님이 주신 것은 축복이 아니었고 기근이었습니다. 게다가 믿음으로 말미암아 얻은 아들 이삭을 하나님은 다시 바치도록 요구하셨습니다.

바울도 은혜 받고 나서 목회를 바로 한 것이 결코 아니었습니다. 3년 동안 아라비아로 갔던 일뿐만 아니라 3년 동안 에베소에서 두란노서원 사역을 했던 것도 일종의 큐티 사역이었고, 2년간 가이사랴 사역 중에서 하나님만 바라보도록 했던 것도 바로 그런 여러 가지 일련의 훈련과 연결시켜 볼 수가 있습니다.

모세의 경우도 마찬가지입니다. 하나님께서 모세에게 40년 동안 광야에서 큐티 훈련을 시켰다 해도 과언이 아닐 것입니다. 하나님은 요셉을 13년 동안 훈련시키셨습니다.
그런데 그러한 모든 훈련 과정이 실제적으로 큐티 훈련과
일맥상통하는 면이 있습니다.

이렇게 신앙의 인물들은 큐티 훈련을 통해서 하나님의
심정을 이해하고 하나님의 뜻을 이루어 드렸던 것입니다.

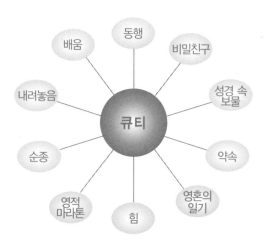

〈큐티의 10가지 요소〉

4. 교회 안에서 어떻게 큐티할까요?

우리는 그동안 교회생활, 신앙생활 속에서도 사실상 큐티를 해 온 것은 아닐까요? 물론 여러 모양으로 부분적으로 해 왔다고 볼 수 있습니다. 기도원이라든지 수양회, 새벽기도나 금식기도, 가정예배, 특별집회 등 여러 형태의 신앙 훈련 프로그램들이 있어 왔으며, 이 안에 큐티와 일맥상통하는 것이 있습니다. 하지만 그것이 곧 큐티는 아닙니다. 큐티와 새벽기도의 관계를 잘 정리해 두면 좋을 것입니다.

① 새벽기도만 가지고 안 될까요?

큐티의 원형이라 할 수 있는 예수님의 모습은 주로 새벽이나 이른 아침에 한적한 곳에 가서 기도하시는 것이었고, 이것은 사실 우리가 아는 새벽기도에 가깝습니다. 새벽기도회는 한국 교회를 지켜 준 귀한 프로그램이었습니다. 이 땅의 수많은 성도들이 새벽기도를 통해 은혜를 받아 왔고, 거기에 또 기가 막힌 하나님의 은혜가 있는 것을 우리가 다

동의하고 공감합니다. 그러나 그것은 좀 더 발전될 필요가 있다고 생각합니다. 이 새벽기도 프로그램과 큐티 훈련을 잘 조화시킬 수만 있다면 한국 교회는 더 성숙한 교회로 변할 것이라고 확신합니다. 하지만 새벽기도 시간에 어떻게 큐티를 할 수 있을지 의문이 들기도 합니다. 사실상 교회에 새벽기도 오는 비율이 얼마나 됩니까? 아무리 은혜로워도 10% 정도일 뿐입니다. 그러면 90%의 교인에 대해서는 어떻게 하시겠습니까? 거리, 건강, 가정 형편 등 여러 가지 이유로 새벽 제단에 나오지 못하는 분들이 많이 있습니다. 그러니까 그들에게 큐티를 가르쳐야 합니다. 그런 분들도 집에서 하나님의 음성을 듣도록 도와주어야 합니다.

예수 좀 잘 믿는다는 한국의 그리스도인에게 새벽기도가 너무나 당연한 신앙생활인 것처럼, 외국의 복음주의적인 그리스도인들에게는 큐티가 너무나 당연한 프로그램으로 여겨지고 있습니다. 어린아이부터 어른까지 아주 쉽고 너무나 당연한 프로그램으로 생각하고 있습니다. 그래서 실제로 이 조용한 '경건한 생활'을 통해 근대 선교가 이루어졌습니다.

그리고 신실한 모든 성도들은 설교나 성경공부보다는 실제로 큐티를 통해서 신앙의 열매를 맺어 갑니다.

제가 외국에 갔을 때 처음에는 우리나라 사람이 예수를 제일 잘 믿는 것으로 착각했습니다. 왜냐하면 제 자신만 해도 전도사 때부터 시작해서 연예인교회 시절, 얼마나 기도를 열심히 해 왔는지 모릅니다. 금요일마다 철야기도하고 금식기도하고 산기도에 새벽기도까지, 얼마나 우리가 예수를 잘 믿는지 모르겠습니다. 그런데 외국에 가보니까 철야기도도 없고 새벽기도도 없고 저녁예배도 별로 없고 해서, 너무너무 예수를 잘 못 믿는 것 같은 생각이 들었습니다. 그런데 가만히 보니 그들은 우리보다 더 쉽게 예수를 잘 믿고 더 정확하고 깊게 믿고 있었습니다. 그리고 아주 결정적인 헌신을 합니다. 금식기도하거나 새벽기도하는 사람이 별로 보이지 않는데도 우리가 흉내낼 수 없을 정도로 깊고 생활과 연결되고 헌신적인 그들의 신앙⋯. 도대체 그 차이가 무엇인지 몹시 궁금해서 그들의 삶을 가까이서 관찰하며 저는 한 가지 결론을 얻게 되었습니다.

그 비결은 큐티였습니다. 그들은 새벽기도회를 하지 않지만 매일매일 스스로 혼자서 30분씩 또는 그 이상씩 하나님과 깊은 교제를 갖습니다. 그렇기 때문에 그들은 교회나 목사를 의지하는 신앙이 아니라 성경을 의지하는 신앙, 예수님을 의지하는 신앙으로 자기의 신앙 체계를 세워 나갑니다. 감정적인 것에 자기의 신앙을 의탁하는 것이 아니라 의지적이고도 분명한 자기 결단 가운데 책임적 존재로 신앙생활을 해 나가는 것입니다. 외적인 형태는 우리보다 더 연약한 것 같지만 윤리적인 결단이나 실제적인 결단은 우리보다 훨씬 더 앞서 있는 것, 그것이 새벽기도와 큐티의 차이이며 우리에게 보완되어야 할 점이라고 생각됩니다.

② 성경공부만 가지고 안 될까요?

큐티는 성경공부와는 어떻게 다를까요? 한국 교인들은 성경공부도 열심히 하는데 이 큐티 훈련이라고 하는 것이 특별히 한국의 교회와 성도들의 상황 속에서 왜 절대적으로 필요할까요?

그것은 우리가 지금까지 일방적인 방법으로 훈련을 받아 왔기 때문입니다. 목사님이 전문적 지식을 가지고 말씀을 깊이 잘 연구해서 마치 암탉이 병아리에게 모이를 주듯이 성도님들의 입을 벌려서 탁 넣어 줍니다. 그럼 '아멘' 하고 얼른 받아먹습니다. 아주 말씀을 참 잘 전해 주시기 때문에 성도들은 별 불만 없이 당연히 '그러한 것'으로 여기고 맛있게 먹습니다. 언제나 일방적으로 강의해 주는 데에만 귀가 익숙해져 있습니다. 그래서 혼자 깊이 연구하고 함께 토론하는 성경공부에는 취미가 없습니다. 내가 스스로 성경을 읽고 묵상하고 거기에서 진리를 깨달으며, 하나님의 음성을 듣고 그것을 내 생활에 구체적으로 적용하는 데 대해서는 거의 훈련되어 있지 않다는 것입니다.

　　이렇게 일방적으로 신앙생활을 해 왔기 때문에 스스로 하나님을 찾는다거나, 스스로 하나님의 말씀을 읽는다거나 하는 것은 몹시 쑥스러운 프로그램이 되었습니다. 그래서 기도를 해도 꼭 목사님이 해 주어야 은혜가 됩니다. 그것도 부목사님이 기도해 주면 효험(?)이 없습니다. 꼭 담임목사님이 기도를 해 줘야 은혜가 더 많다고 생각합니다.

그러나 우리가 믿기에는 다른 사람이 기도해 주는 것도 중요하지만 자신이 기도하는 게 제일 중요합니다. 그것을 하나님이 더 기뻐하십니다. 다른 사람이 들려주는 말씀도 중요하지만 스스로가 하나님의 음성을 듣는 훈련이 더 중요합니다.

적용의 지혜

순모임이나 소그룹 모임은 성경공부 모임이 아닙니다. 소그룹은 삶을 나누고 받은 은혜를 나누는 공동체이므로 가르치려고만 하면 문제가 생깁니다. 만일 성경을 체계적으로 가르치기 원한다면 성경대학을 만들거나 성경연구반을 만들어서 성경에 은사가 있는 사람이 따로 가르치고 담당하면 됩니다. 그러나 소그룹은 큐티를 나누는 곳입니다. 일주일 동안 지내면서 하나님께서 나에게 어떻게 역사하셨는가하는 것들을 나누는 장소로 만들면 이 순모임은 살아나기 시작할 것입니다.

3 행정과 심방과 설교만 가지고 안 될까요?

한국 교회가 성경공부 외에 열심히 목회해 왔던 분야는 행정과 심방과 설교였습니다.

교회 행정은 교회 정치와 깊은 관계가 있습니다. 그래서 교회는 총회나 노회를 중심으로 움직여 왔고, 남선교회나 여선교회를 조직하는 등 행정을 중요한 원리로 생각해 왔습니다. 그래서 교회는 발전하고 외형적으로 성장할 수 있었습니다. 그러나 행정을 강조할 때 조직이 있고, 형식은 있지만 영성이 점점 약해져서, 율법적이고 인위적인 교회의 모습을 드러내게 되었습니다.

행정과 더불어 심방을 열심히 해서 성도들의 삶 속에 가까이 다가간 것은 한국 교회의 장점임에 분명합니다. 심방을 통해 교회에 친교와 사랑의 관계가 두터워졌습니다. 그러나 이것이 지나쳐 과보호의 모습을 띠게 되어 성숙한 성도를 만드는 데는 실패하게 되었습니다. 스스로 그리스도인의 삶을 살기보다는 목회자를 지나치게 의지하는 수동적 그리스도인을 양산한 것입니다.

또 한국 교회는 지나치게 설교 의존적인 성도들을 만들었습니다. 설교는 그 어떤 것과도 비교할 수 없이 중요한 목회의 열쇠입니다. 그러나 설교에만 의지한다면 성도들은 스스로 할 일이 없어집니다. 목회자가 열심히 설교를 준비해서 성도들을 양육하고, 성도들은 준비해 온 설교를 듣기만 하면 되니 말입니다.

설교만 의지한다면 언제 우리의 신앙이 자립하고 성장하겠습니까? 자칫 잘못하면 목회자와 평신도 사이에 균열이 생기고 교회는 분열의 위기를 맞이하게까지 될 것입니다. 설교와 더불어 성경공부도 중요하고 행정과 더불어 심방도 중요하지만, 교회의 최후 목적은 스스로 자립하고 성장하는 성숙한 성도를 만드는 데 있습니다.

요즘 많은 사람들이 교회에 다닙니다. 그런데 교회를 10년 이상 다녔는데 성경을 한 번도 읽어 보지 못한 사람이 있습니다. 그 사람이 어떻게 하나님을 알겠습니까? 교회를 오래 다녔기 때문에 설교는 수없이 들었을 것입니다. 그러나 모두가 단편적인 지식에 불과합니다. 그래서 성경에 대한 편견을 가지고 있습니다. 그리고 그 편견이 옳다고 착각하고 있습니다. 얼마나 무서운 독선입니까? 이것은 마치 예수님 당시 사람들이 자기들 외에 구약의 전문가가 어디 있느냐고 생각해서 결국 예수님을 못 박아 죽이는 데까지 몰고 가게 된 것과 같습니다.

큐티란 우리가 피하고 싶은 십자가를 지기 위해
준비하는 과정입니다. 우리가 십자가를 지기로 결심하면
하나님께서 십자가를 질 수 있는 능력을 주실 것입니다.

큐티의 중요성과 유익

큐티의 중요성과 유익

1. 큐티를 꼭 해야 하나요?

1 매주 예배를 드리는데요

매주 예배를 드리고 설교 말씀을 통해 영의 양식을 얻는 것은 매우 귀한 일이고 또한 교인으로서 당연한 일입니다. 그럼에도 큐티가 중요한 까닭은 우리가 항상 교회 안에 있거나 목사님 옆에 있을 수 없기 때문입니다. 목사님이 안 계시면 당신의 신앙은 굶어야 합니까? 그렇지 않습니다.

자기 스스로 매일 30분 정도씩 하나님의 양식을 먹고 그것을 묵상하고 적용하고 나눌 수 있는 그런 기본적인 틀을 항상 갖추고 있어야 합니다.

큐티를 하면서 스스로 발견하는 것과 설교 말씀을 듣는 것은 전연 다른 것입니다. 큐티에서는 본인 자신이 하나님으로부터 직접 말씀을 듣습니다. 그렇기 때문에 그것은 힘이 되고 용기가 됩니다. 사실 목사님들은 바빠서 교인들이 중요한 시간에 뭔가 도움을 받고 싶어도 만날 길이 없습니다. 상담할 수도 없습니다. 그럴 때 어떻게 해야 합니까? 당신 스스로 결단을 해야 합니다. 순간순간 결단을 해야 합니다. 그렇다면 무엇에 의지해서 그렇게 하겠습니까? 오늘 읽은 말씀입니다. 오늘 아침에 들은 말씀에 따라 결단하는 것이 가장 귀하다고 생각합니다.

저는 설교하는 목사의 한 사람으로서 주일날 설교 듣는 것이나 여러 가지 교회생활이 우리 영적 생활에 굉장히 중요한 일이라는 것을 말씀드립니다. 그리고 동시에, 실제로 제가 개인적으로 경험해 볼 때 이 큐티 훈련이 우리의 영적

생활에 가장 기초적이고 원천적인 프로그램이라는 것 또한
다시 한 번 강조하고 싶습니다.

2 너무나 바쁜데요

리차드 포스터가 말한 바에 따르면 우리는 이 시대의 가
장 큰 원수인 시끄러운 소음과 분주함, 그리고 군중 속에서
살아가고 있습니다. 이것이 현대의 특징입니다. 우리는 항
상 몹시 바쁘고 열심히 예수를 잘 믿는 것 같습니다. 하지
만 문득 돌이켜 보면 공허하고 아무것도 없는 불안한 자기
자신을 발견하게 됩니다. 그것은 성직자를 비롯해서 평신
도에 이르기까지 대부분 사정이 비슷합니다. 주일이면 아

침부터 저녁까지 성가대, 유년 주일학교, 성경공부로 바쁘고 일주일에 세 번 네 번씩 교회에 들러 예배, 기도회, 심방 등 부지런히 다니지만 어딘가 불안하고 안정감과 차분함이 없고 깊은 내적 성찰 없이 피상적으로 겉도는 신앙생활을 하고 있다는 막막함에 부딪치게 됩니다. 그렇기 때문에 나만의 '한적한 곳'이 절실히 필요합니다.

복잡한 대인 관계 속에서 바쁘게 사는 그 자체보다 하나님과 깊은 교제를 갖지 못하는 것이 더 큰 문제입니다. 현대 그리스도인의 최대 위기는 바로 이런 피상성, 즉 깊이 들어가지 못하고 겉도는 데 있습니다. 그래서 신앙인의 양산은 가능하지만 신앙의 깊이는 발견할 수가 없습니다. 예수 믿는 사람은 도처에 많이 있으나 위대한 신앙인은 발견하기 어렵습니다. 왜 그렇습니까? 전부 바쁜 가운데 겉도는 신앙생활을 해 왔기 때문입니다. 피곤한 그리스도인의 생활을 계속 해 오느라 정말로 하나님과 깊이 만나는 경험을 갖지 못한 까닭입니다. 이러한 현대적인 정황을 고찰해 보면 우리가 큐티를 꼭 해야 하는 여러 이유 중 하나를 금방 깨닫게 됩니다.

　현대 그리스도인들에게 부족한 것은 사역이 아니라 하나님 앞에 앉는 일입니다. 사람을 만나는 시간보다 하나님 앞에 무릎 꿇는 시간이 중요합니다. 우리의 갈등과 고민 그리고 목마름은 하나님과의 교제가 결여된 까닭에 생겨납니다. 내면의 소리를 듣기 위해서 제일 먼저 해야 할 일은 하나님과의 관계를 회복하고 그분과 깊은 교제를 갖는 일입니다. 그러려면 무엇보다도 하나님과 거리낌 없는 관계가 되어야 합니다. 그때 하나님과의 관계가 깊어질 수 있습니다. 밤이든 새벽이든 조용히 홀로 하나님과 대면해야 합니다.

　한편, 진정한 내면의 소리를 듣기 위해서는 더러운 것들을 청소해야 하며 부서진 것들을 보수해야 합니다. 아무리 기도한들 죄가 있으면 무용지물에 불과하기 때문입니다. 말씀을 통해서만 하나님의 음성을 들을 수 있습니다. 말씀이 없으면 나의 소리가 들리게 되고 그것이 또 하나님의 소리처럼 위장해서 들리게도 됩니다. 주위에 너무나 많은 소리들이 겹으로 들려오고 있습니다. 지금이야말로 정신을 차리고 근신해야 할 때입니다.

3 늘 제자리에요! 변화가 없어요!

이사야 57장 20절에 보면 "오직 악인은 능히 안정치 못하고 그 물이 진흙과 더러운 것을 늘 솟쳐 내는 요동하는 바다와 같으니라"고 했습니다. 이것이 인간입니다. 그렇기 때문에 인간은 훈련이 되어야 합니다. 특별히 성령으로 말미암아 훈련되어야 합니다. 어느 날 성령을 받아 불을 받고 은혜를 받아서 하나님의 은혜를 깨달았다 하더라도 하루 아침에 천사가 되지는 못합니다. 은혜를 많이 받으면 받을수록, 하나님의 복음을 깊이 깨달으면 깨달을수록 그 사람에게는 더욱 훈련이 필요합니다. 그런데 우리들은 산기도나 어떤 부흥회를 통해서, 또는 어떤 신령한 집회를 통해서 하나님께 은혜를 받으면 그것으로 도가 통한 것으로 착각하기 쉽습니다. 그러나 인간이라고 하는 존재 깊은 곳에는 죄의 뿌리와 마귀의 습관과 나쁜 찌꺼기들이 남아 있다는 사실을 알아야 합니다.

특별히 우리 그리스도인들에게 제일 중요한 것은 성격 문제입니다. 큐티를 빠지지 않고 열심히 하는데도 성격이 못된 사람들이 있습니다. 이것은 큐티를 잘못하고 있는 것입니다. 그들은 꼬박꼬박 하루에 1시간씩 큐티를 합니다. 자기는 큐티한다고 어디 가서 간증도 합니다. 그러나 그 사람의 성격이 거듭나지 않을 수가 있습니다. 이런 사람들은 오히려 큐티를 방해하는 사람들입니다.

다시 말하면 큐티 방법 그 자체가 중요한 것이 아니라 원리가 중요한 것입니다. 우리는 성경이 말한 대로 본질상 진노의 자식이며 허물과 죄로 죽었던 인간임을 알아야 합니다. 그러므로 영적인 훈련이 지속적으로 이루어져야 합니다. 특별히 은혜 받은 사람들에게는 더더욱 필요합니다. 사람은 영적으로 파손되어 있고 정신적으로 혼돈되어 있고 육체적으로 무질서한 가운데 살고 있습니다. 그러므로 말씀을 통한 정기적인 영적 훈련, 즉 큐티 훈련을 통해서 이 시대 속에서 우리를 괴롭히는 불신과 나쁜 사상으로부터 자신을 지킬 뿐 아니라, 자기 안에 있는 죄와 죄의 쓴 뿌리들, 사탄의 영향력들을 하나씩 제거해 나가야 합니다.

4 큐티로 영적 싸움이 될까요?

마귀의 관심은 물질도 쾌락도 명예도 아닙니다. 마귀의 관심은 오직 '하나님의 말씀'입니다. 사람들이 하나님의 말씀대로 살면 마귀는 패배합니다. 그렇기 때문에 사탄은 하나님의 말씀을 듣지 못하고 말씀대로 살지 못하도록 사람들을 유혹하며 의심하게 합니다.

사탄은 지금도 변함이 없습니다. 그가 당신을 유혹하는 목적은 하나님의 말씀을 듣지 못하게 하는 데 있습니다. 말씀에는 관심이 없고 다른 일만 열심히 하게 합니다. 혹시 최근에 자신에게 이런 모습이 있다고 판단되면 사탄이 당신을 공격하고 있는 것이라고 생각하면 됩니다. 당신이 성경을 읽기 시작하고 큐티를 시작할 때 당신 주위를 맴돌던 사탄은 떠나갈 것입니다. 큐티하십시오. 말씀을 공부하십시오. 성경을 외우십시오.

또한 사탄은 성도를 타락시키기 전에 말씀을 들을 수 있는 장소와 교회를 먼저 공격하기도 합니다. 이것이 사탄의 방법입니다. 사탄은 성도로 하여금 예수님을 잘 믿다가도 설교를 듣는 곳이나 설교자에 대해 실망하게 함으로써 말씀을 차단시켜 버립니다. 성경 말씀을 접촉할 기회가 줄면 자연히 하나님과의 접촉도 줄고, 하나님이 주시는 놀랍고 풍성한 접촉도 막히게 됩니다. 당신은 지금 어떻습니까? 혹시 어떤 이유로 성경공부나 기도 모임을 소홀히 하고 있지는 않습니까? 만일 그렇다면 사탄이 당신을 말씀으로부터 떼어 내려고 하고 있는 것입니다. 어떤 상황에서든지 성경을 읽고 기도하는 사람은 타락하지 않습니다.

말씀은 강력한 무기입니다. 예수님이 세 번에 걸친 마귀의 유혹을 물리치신 원리도 오직 '하나님의 말씀'이었습니다. 예수님도 하나님의 말씀으로 마귀를 물리치셨는데 하물며 우리야 어떻겠습니까? 우리의 눈물, 노력, 의지, 힘으로는 절대 마귀를 물리칠 수 없습니다. 마귀를 물리치는 가장 나쁜 방법은 "떠나 주세요" 하면서 비는 것입니다. 떡이나 술을 갖다 놓고 귀신을 달래는 것입니다. 무당이 하는 일은 귀신을 쫓아내는 것이 아니라 달래는 것입니다. 그러나 우리는 귀신을 대적해서 하나님의 말씀으로 과감히 명령해 쫓아내야 합니다.

우리에게 말씀이 없고 기도하지 않으면, 들리는 음성이 하나님으로부터 온 것인지, 아니면 사탄으로부터 온 것인지 구분하기가 어렵습니다. 그러므로 우리는 쉬지 않고 기도하고 경계해야 합니다. 말씀 속으로 깊이 뿌리내려야 합

니다. 그렇게 할 때 영적인 분별력이 생겨서 사탄의 유혹을
막을 수 있습니다.

2. 큐티하면 행복해집니다

1 큐티는 우리를 어떻게 바꾸어 갈까요?

첫째, 믿음이 없는 사람은 인생 만사가 팔자이거나 우연
이라고 생각합니다. 그러나 큐티하며 하나님의 음성에 귀
기울이는 사람은 우리의 인생이 하나님의 계획과 하나님의
시간이라고 고백하게 됩니다.

둘째, 그리스도인이라면 누구든지 성령의 인도 아래 하
나님의 말씀을 읽을 때 말씀이 살아 있는 능력으로 임하게
됩니다. 그때에 그 말씀은 그 사람의 마음에 들어와 축복과
능력을 가져다줍니다. 여기서 능력이란 고난을 이길 수 있
는 능력이며 어려운 난제를 해결하는 지혜 등을 말합니다.

셋째, 우리의 마음이 하나님을 향하여 기울게 됩니다.

인간의 내면에는 두 개의 경향(혹은 욕구)이 있습니다(갈 5:17). 하나님께 향하든지 세속(육체)을 향하든지 둘 중 하나입니다.

하나님의 말씀을 읽으며 그분의 뜻을 구하고 삶에 적용하는 큐티는 우리의 마음이 하나님을 향하여 움직이도록 방향을 돌려놓습니다. 그리스도인에게 예의 바른 행동과 교양보다 더 중요한 것은 영적인 태도와 내면의 모습입니다. 신앙인에게 중요한 것은 환경이 아니라 영적인 태도라는 말입니다. 우리는 좋은 일을 만날 수도, 나쁜 일을 만날 수도 있습니다. 그러나 그럼에도 불구하고 주님을 생각하면서 마음의 평화를 잃지 않고 계속해서 주님께로 나아가는 태도가 중요합니다. 말씀을 사모하고 변화를 받으면 어떤 어려움도 견딜 수 있는 인격과 영적인 태도를 갖게 됩니다. 이런 사람은 죽음이 찾아와도 충격을 받지 않습니다. 어떤 핍박을 받아도 두려워하지 않고 잘 견뎌 냅니다. 돈이나 명예나 지위에 대해서도 자유합니다.

그리스도인의 삶에는 우연이 없습니다. 재수와 상관이 없습니다. 운명과도 상관이 없습니다. 우리의 삶은 하나님의 사랑의 섭리입니다. 나를 망하게 하신 것, 부하게 하신 것, 건강하게 하신 것, 병들게 하신 것 모두 하나님의 영광을 위하여 예비하신 것입니다. 그러므로 그분께 감사와 찬양과 영광을 드려야 합니다. '내 인생의 열쇠는 하나님 당신께 있습니다'라고 고백해야 합니다. 짧은 인생이지만 주님이 원하는 삶을 살아야 합니다.

2 큐티가 개인적으로 주는 유익은 무엇일까요?

첫째, 나를 향한 하나님의 계획과 인도하심을 알 수 있습니다.

중요한 것은 말씀입니다. 말씀은 신앙생활의 뼈대이며 뿌리입니다. 말씀을 흥미로운 대화나 논문의 잠재적 주제로 생각하는 대신, 그 말씀이 우리 마음의 가장 은밀한 구석까지 파고들어오게 해야 합니다. 누구의 어떤 말도 여태까지 들어온 적이 없는 깊은 곳까지 파고들어오게 해야 합니다. 그때서야 비로소 말씀은 옥토에 뿌려진 씨앗이 되어 열매를 맺을 수 있습니다.

준비된 자가 하나님을 만납니다. 항상 기도하던 고넬료는 환상을 보았습니다(행 10:2-3). 이렇게 항상 기도하는 자가 말씀을 통해 하나님의 음성을 듣습니다.

둘째, 하나님이 원하시는 길을 걸어가는 데 필요한 지혜와 힘을 공급받을 수 있습니다.

믿음이란 '내 생각대로'가 아니라 '말씀하신 대로'입니다. '내 경험대로'가 아니며 '여론'이나 '조사기관에서 말하는 대로'가 아닙니다. 하나님께서 말씀하신 대로 순종할 때 바로 믿음과 지혜가 생깁니다.

그러므로 큐티란 우리가 피하고 싶은 십자가를 지기 위해 준비하는 과정입니다. 우리가 십자가를 지기로 결심하면 하나님께서 십자가를 질 수 있는 능력을 주실 것입니다.

진실로 하나님의 음성을 들었다면 이제 삶의 현장에서 구체적으로 그 말씀대로 살아야 합니다.

아무리 좋은 말씀이라도 내 마음에 받아들이지 않는다면, 그리고 나의 현재 삶과 무관하다면 아무리 귀한 하나님의 말씀이라도 내 안에 영향을 끼치지 못할 것입니다.

셋째, 내 모습 속에서 내가 알지 못하는 버릇, 내 문제(죄, 행위, 내면의 모습 등)를 발견하고 말씀으로 도전받을 수 있습니다.

지금 화가 버럭 나는데 성경은 "네 이웃을 네 몸과 같이 사랑하라, 용서하라"고 하십니다. 무엇을 선택할 것입니까? 분노를 택할 것이냐, 용서를 택할 것이냐? 대부분의 사람들이 감정이나 상황에 휩쓸려 선택합니다. 하지만 이때 말씀을 택해야 합니다. 그러면 살아납니다. 야고보서에서는 "너희는 도를 행하는 자가 되고 듣기만 하여 자신을 속이는 자가 되지 말라"(약 1:22)고 했습니다.

적용의 지혜

하나님을 믿는 자라면 꼭 기억해야 할 일이 있습니다. 그리스도인에게 일어나고 있는 모든 것은 하나님의 섭리요 계획이라는 것입니다. 그러므로 세상에서 억울함을 당하고 고난을 겪을 때 하나님을 원망해서는 안 됩니다. 오히려 하나님을 더욱더 의지해야 합니다.

하나님의 말씀을 읽으며 그분의 뜻을 구하고 삶에 적용하는 큐티는 우리의 마음이 하나님을 향하여 움직이도록 방향을 돌려놓습니다. 그리스도인에게 예의 바른 행동과 교양보다 더 중요한 것은 영적인 태도와 내면의 모습입니다.

신앙의 초보자라 해도 걱정하지 마십시오.
매일 조금씩 기도하면서 성경을 읽고, 사물을 관찰하십시오.
그러면 우연이 아닌, 감정이나 느낌이 아닌
하나님의 놀라운 섭리를 알게 됩니다.

큐티 입문

QUIET TIME

제3장

큐티 입문

1. 무엇을 준비해야 하나요?

학교 갈 때는 책과 필기구를 챙겨야 하고 수영하러 갈 때는 수영복과 물안경이 필요하듯이 큐티를 하기 위해서도 필요한 것이 있습니다. 물론 성경책이 있어야겠지요. 노트와 필기구도 준비하는 것이 좋겠습니다. 『생명의 삶』과 같이 큐티 가이드가 있다면 말씀을 이해하고 묵상하는 데 도움을 받을 수 있을 것입니다. 이제 마음의 준비와 환경적인 준비, 그 두 가지 면에서 조금 더 살펴보겠습니다.

1 환경적인 준비가 필요합니다

① 시간을 구별하십시오

아침에 일찍 일어나는 것입니다. 너무 쉽고 간단합니다. 그런데 사실 어떻습니까? 쉬운 것 같지만 사실 어렵다고 얘기하는 것이 우리의 솔직한 고백입니다. 일찍 일어나려면 어떻게 해야 합니까? 밤늦도록 깨어 있지 말고 일찍 잠자리에 들어야 합니다. 큐티에 맛 들인 분들, 주님이 내일 아침에는 나를 어떻게 만나 주실 것인지, 또 주님께서 과연 나에게 어떤 만나를 주실 것인지 하는 기대로 가득 찬 분들은 일찍 자고 일찍 일어나게 됩니다. 일찍 일어나기 위한 엄격한 규칙을 세우고 잘 지켜 나가야 큐티를 잘 할 수 있습니다. 그러면 하나님께서 그에 대해 풍성한 복을 내리실 것입니다.

그리고 기도하거나 성경을 읽기 전에 잠에서 완전히 깨

어나야 합니다. 무릎을 꿇고 앉는 것이 졸음이 빨리 오게 한다면 자세를 고치십시오. 아브라함은 서서 기도했습니다 (창 19:27).

또한 아무리 바쁜 사람이라 할지라도 하나님과 대면할 시간이 없다는 것은 그 사람의 시간 관리에 문제가 있는 것입니다. 시간 관리에 성공하는 사람이 자신의 영혼 관리도 성공합니다. 시간 관리의 차원에서 자신을 돌아보아야 합니다. 하루 24시간을 시간의 청지기로서 잘 감당하는 자가 큐티를 잘 할 수 있습니다. 하루 중 하나님과 가장 깊이 만날 수 있는 나만의 시간대는 언제입니까?

에베소서 5장 16절에서는 "세월을 아끼라 때가 악하니라"고 했습니다. 여기서 '세월을 아끼라'는 말은 '시간을 구원하라'는 말입니다. 옛 사람이 사용하는 시간은 옛 시간입니다. 그러나 구원받은 사람에게 주어지는 시간은 의미 있는 시간, 기적을 만드는 시간, 놀라운 은혜의 시간입니다. '때가 악하다'는 말은 '시간은 기회다'라는 말입니다. 세상은 점점 악해집니다. 사탄의 역사가 점점 광범위하게 역사하고 있습니다. 시간이 점점 제한되는 것입니다. 만일 당신이 예수 그리스도를 믿고 복음을 체험했다면 더 이상 주저할 수가 없습니다. 그 시간은 기회입니다. 지금은 주저할 시간이 아니라 선택할 시간입니다.

 Tips 〈행복한 시간 관리자〉

(1) '시간의 청지기 의식'을 가지십시오.
우리는 하나님께서 맡기신 '물질'의 청지기이듯이 '시간'의 청지기입니다. 시간은 하나님이 주신 선물입니다. 우리가 예수를 믿은 후에는 시간도 구원을 받습니다. 그렇기 때문에 그분이 원하시는 대로 시간을 써야 합니다. 시간은 영원의 일부이며 하나님께 속해 있기 때문에, 하나님의 뜻을 따라 시간을 사용해야 한다는 가르침은 성경 전반에 걸쳐 계속됩니다. 우리에게 허락된 시간은 하나님의 영원한 계획의 일부입니다. 그래서 시간은 거룩하며 낭비해서는 안 될 대상입니다.

(2) 성령님의 도우심을 구하십시오.
우리는 다른 어떤 것보다 하나님의 뜻을 행할 소원을 갖게 해달라고 성령께 간구함으로써 하루를 시작해야 합니다. 그리고 나서 그날의 계획을 주시도록 간구해야 합니다. 일부 상세한 계획은 우리가 세울 수 있습니다. 그런데 하루 중 예상치 않던 일이 발생해서 우리의 좋은 계획을 망쳐 버린다면 어떻게 할 것입니까? 물론 하나님께서 큐티 시간을 통해 직접적으로 말씀해 주시지 않으실 수도 있지만, 이미 그 사실을 알고 계셨다는 것을 명심하십시오. 때때로 갑작스러운 일이 발생했을지라도 그 일에 대처할 수 있는 지혜를 성령께 구할 수 있습니다. 상황을 꿰뚫을 수 있는 성령의 통찰력을 가지고 그에 부합된 행동을 할 때 그것이 하나님의 계획에 가장 알맞게 행동하는 것입니다.

(3) 쓸데없는 데 부지런하지 마십시오.

지나치게 관심을 갖는 것이 있다면 시간 낭비를 하게 되고 기도생활과 큐티에 시간을 내지 못하게 됩니다. 요한 웨슬리는 시간 관리 원칙에 대해 "부지런하라. 한가하게 있지 마라. 그러나 결코 쓸데없이 부지런하지는 마라. 시간을 결코 허비하지 마라. 시간을 정확히 지켜라. 모든 것을 제때 정확하게 하라"고 말했습니다.

② 장소를 구별하십시오

큐티는 내가 하나님과 일대일로 만나는 것입니다. 그래서 혼자 하는 것을 강조하고 싶습니다. 부부가 함께 큐티를 하는 경우도 있는 것 같습니다. 그러나 하나님께서는 우리를 인격적으로 만나 주시기 때문에 남편에게는 남편대로, 아내에게는 아내대로 각각에게 하실 말씀이 있으리라고 생각합니다. 일대일로 하십시오. 여러 사람이 한 장소에서 하지 마시고 되도록이면 각자의 처소에서 각각 해야 합니다. 그리고 물론 조용하고 한적한 곳이 하나님과의 개인적인 만남에 도움이 될 것입니다. 그리고 성경을 읽을 때는 불필요한 것들을 치워 버려야 합니다. 깨끗하고 정갈하게 자리를 정돈하십시오.

② 마음밭을 챙겨야 합니다

① 계명을 지키려는 마음(영적 소원)

요한복음 14장 21절에서 예수님은 "나의 계명을 가지고 지키는 자라야 나를 사랑하는 자니 나를 사랑하는 자는 내 아버지께 사랑을 받을 것이요 나도 그를 사랑하여 그에게 나를 나타내리라"고 말씀하셨습니다. 포도나무에서 가지가 떨어져 나가면 곧 말라 버리게 됩니다. 그러나 그 가지가 포도나무에 붙어 있으면 많은 열매를 맺게 됩니다. 마찬가지로 우리는 반드시 하나님께 붙어 있어야 합니다. 우리 안에 성령님께서 계신다면 우리가 해야 할 일은 말씀을 붙잡는 것입니다. 요한복음 14장 15절에서는 "너희가 나를 사랑하면 나의 계명을 지키리라"고 말씀하셨습니다. 우리 안에서 성령님께서 역사하신다면 우리는 하나님의 말씀을 굳게 붙잡아야 합니다. 모든 성도님들은 하나님의 말씀을 굳게 붙잡고 말씀에 순종하는 말씀의 사람이 돼야 합니다.

주님과 영적인 교제를 나누는 사람은 주의 계명을 가지고 지키는 자입니다. '주님의 계명'을 가지는 것은 '마음 속'에 말씀을 품는 것을 말하며, 지키는 것은 그 계명을 '행동으로 실천하는 것'을 말합니다. 큐티를 하는 것은 입으로만 말씀을 외치는 것이 아니라 내게 행동 가능한 것으로 세밀하게 계획을 세워 말씀을 행동에 옮기는 것입니다.

한 여자가 결혼하면 임신을 합니다. 그러나 언제 임신했는지 잘 모릅니다. 몇 주일이 지나고 한 달 두 달 지나면 자기 몸에서 이상한 현상을 발견하게 됩니다. 그제서야 임신한 것을 알게 됩니다. 마찬가지로 믿음이 생기는 순간을 우리는 잘 모릅니다. 그러나 우리가 하나님의 말씀을 받아들이면 믿음이 생기기 시작합니다. 처음에는 믿음이 생겼는지 잘 모릅니다. 하지만 시간이 지날수록 믿음이 자라납니다.

② 지속적으로 하겠다는 결정

밥을 정기적으로 날마다 먹듯이 큐티도 정기적으로 날마다 하는 것이 중요합니다. 큐티는 우리 영혼의 호흡이요 영양 공급으로서 평생 계속하겠다는 마음을 가져야 합니다.

큐티가 어렵다고 생각되어 그만두고 싶거나 혹시 어쩔 수 없는 사정 등으로 큐티를 쉬게 될지라도 거기서 멈추지 말고 다시 시작하기 바랍니다. 이런 경우에 대해서는 제5장에서 구체적으로 다루겠습니다.

③ '나는 작은 아이'라는 마음

주님의 말씀이 내 마음에 와 닿게 하기 위해서는 나의 생각을 내려놓고 주님을 사모하는 마음으로 나아가야 합니다. 그러므로 '준비 기도'와 '찬양'은 말씀을 찾기 전에 반드시 거쳐야 할 중요한 과정입니다.

말씀 앞에서 "나는 작은 아이"(왕상 3:7)라고 생각해야 합니다. 세상적으로 아무리 높고 나이가 많다 해도, 심지어 왕이라 할지라도 하나님 앞에서 우리는 작은 아이라는 마음을 가져야 합니다.

이런 마음을 가졌다면 자세도 달라질 것입니다. 말씀을 받을 때에 비록 하나님께서 눈에 보이지 않는다 해도 그분이 옆에 계신 것처럼 그분이 기뻐하시는 자세를 갖추는 것이 중요합니다. 기댄다든지, 다리를 꼰다든지, 좀 흐트러진 자세가 아니라 바른 자세, 간절한 자세를 가져야 합니다.

④ 음성 듣기 훈련

그러면 우리는 어떻게 해야 하나님의 음성을 잘 들을 수 있을까요?

첫째, 매일 기도하십시오. 하루에 5분씩이라도 좋으니 매일 기도하십시오. "하나님과 깊이 교제하며 신앙생활을 하고 싶습니다. 하나님의 음성을 들을 수 있는 맑은 영혼과 깨끗한 양심과 거룩한 믿음을 부어 주셔서 하나님의 음성에 민감한 사람이 되게 하여 주옵소서" 하고 기도하십시오.

둘째, 성경을 많이 읽으십시오. 성경을 꾸준히 읽으면 성경적인 세계관과 가치관과 안목이 생깁니다. 그리고 영적으로 민감해집니다. 하나님과의 친밀함, 하나님과의 교제를 끊임없이 지속하며 민감하게 자기 영혼을 다듬어 놓으면 쉽게 하나님의 마음에 접근할 수 있습니다.

2. 기본기가 철저해야 합니다

악기를 배우든 혹은 무엇을 하든지 기본기를 충분히 익히는 것은 참 중요합니다. 큐티 또한 우리의 기본 신앙적인 지식이 준비되지 않았거나 잘못된 성경 지식, 하나님에 대한 불충분한 이해 등으로 믿음을 견고히 뿌리박지 못했다면 아무리 좋은 방법을 배운다 해도 좋은 열매를 기대하기는 어려울 것입니다. 다음의 문항들을 통하여 자신의 믿음의 영적 기본기가 충실한지 점검해 보십시오.

〈믿음의 영적 기본기를 확인하는 8가지 진단 테스트〉

※ 해당되는 문항에 ∨를 표시하시오.　　　　　　　　　예 ☑　아니오 ☑

① 성경 말씀은 직접적인 하나님의 말씀이기보다는 좋은 교훈이다.　예 ☐　아니오 ☐

② 우리가 직접적으로 하나님의 뜻과 말씀을 듣거나 알기는 어렵다.　예 ☐　아니오 ☐

③ 하나님은 공동체 안에 임하시지 '나'와 개인적으로 교제할 수는 없다.　예 ☐　아니오 ☐

④ 믿음은 교회생활 속에서 경험과 연륜을 통해 쌓여 가는 것이다.　예 ☐　아니오 ☐

⑤ 기적은 긍정적 사고방식 속에서 이루어진다.　예 ☐　아니오 ☐

⑥ 성경 말씀은 좋은 위로와 교훈이 되지만 그 이상은 아니다.　예 ☐　아니오 ☐

⑦ 성경 말씀의 능력이란 우리가 말씀을 잘 알아서 활용하는 능력이다.　예 ☐　아니오 ☐

⑧ 하나님이 나의 모든 기도를 일일이 들으시기는 사실 어렵다.　예 ☐　아니오 ☐

1 태초의 만나 – 말씀에 대한 믿음을 가지십시오

우리 영혼의 진정한 아침식사, 우리가 매일 얻어야 하는 만나는 곧 하나님의 말씀입니다. 요한복음 1장 1절은 "태초에 말씀이 계시니라 이 말씀이 하나님과 함께 계셨으니 이 말씀은 곧 하나님이시니라"고 말씀합니다. 태초에 계신 말씀이 곧 하나님이십니다. 헬라어로 말씀을 '로고스'(logos)라 하며, 이 단어는 다른 용도로 사용되지 않고 오직 '진리', '이성'을 뜻하는 절대 존재를 가리킬 때 사용합니다. 시간과 공간의 개념이 확립되기 전 영원 속의 태초에 존재하신 말씀이 하나님이신 것입니다. 그래서 사람이 말씀을 붙잡게 되면 하나님의 실체를 경험하게 됩니다. 인간과 만물들은 기원이 있지만, 하나님의 말씀은 기원이 없습니다. 만약 신에게 기원이 있다면 그것은 아마 신이 아닐 것입니다. 하나님은 시작도 없고 끝도 없으신 분이십니다. 태초에 계신 말씀이 하나님이시며 그 말씀의 실체는 예수 그리스도이십니다. 믿음은 이론이 아니라 실체이며 체험입니다. 따라서 하나님과 말씀에 대한 분명한 믿음을 가진 사람만이 구체적인 신앙생활을 할 수 있습니다.

② 성경의 권위 – 성경의 권위를 인정하십시오

천국에 대한 이야기는 많습니다. 문학 작품 중 천국을 다룬 것으로는 단테의 『신곡』이나 괴테의 『파우스트』나 밀턴의 『실락원』 같은 뛰어난 것들이 있습니다. 하지만 성경은 이런 책들과는 근본적으로 다릅니다. 성경은 인간이 기록했지만, 변함없고 일점일획도 틀림없는 하나님의 말씀입니다. 하나님은 우리 눈에 보이지 않으시기 때문에 아무도 하나님을 만날 수 없습니다. 하지만 하나님의 말씀을 듣고, 읽고, 접촉함으로써 우리는 하나님을 깨닫고 믿을 수 있는 것입니다. 성경의 권위를 무너뜨리는 어떤 이론도 받아들이지 마십시오. 성경은 하나님의 말씀입니다. 성경의 권위를 높이십시오. 그러면 당신의 권위가 높아질 것입니다. 당신에게 가장 중요한 것이 하나님의 말씀이 되며, 당신이 그 말씀을 기초로 해서 삶을 살아 나갈 때 당신의 자녀가 잘되고, 가정이 잘되고, 하는 모든 일이 형통할 것입니다. 아침마다 말씀을 읽고 묵상하십시오.

3 분명한 음성 – 우리는 하나님의 음성을 들을 수 있습니다

하나님의 음성은 분명히 존재합니다. 그분은 말씀하시는 분이기 때문입니다. 우리가 하나님을 깨닫고 만나고 체험하려면 말씀하시는 하나님을 만나야 합니다. 하나님의 음성을 들어야 하나님을 알게 되기 때문입니다. 그러므로 하나님이 말씀하실 때 우리는 들어야 합니다. 신앙은 듣는 것입니다. 하나님의 음성을 듣는 것입니다.

구약시대에는 하나님께서 직접 말씀하셨습니다. 신약시대에는 예수님을 통해 말씀하셨습니다. 그러면 지금은 무엇으로 말씀하실까요? 사람은 육(肉)이고 하나님은 영(靈)이시기 때문에 사람이 하나님의 실체를 보거나 만지지는 못합니다. 그래서 하나님의 음성이 옆 사람의 말처럼 어떤 실제적인 소리로 우리 귀에 들리는 것은 아닙니다. 우리는 성경 말씀을 통해서 하나님의 말씀을 들을 수 있고, 말씀을 들음으로써 하나님의 실체를 경험할 수 있습니다.

신앙의 초보자라 해도 걱정하지 마십시오. 매일 조금씩 기도하면서 성경을 읽고, 사물을 관찰하십시오. 그러면 우연이 아닌, 감정이나 느낌이 아닌 하나님의 놀라운 섭리를 알게 됩니다. 하나님의 세미한 음성까지도 들을 수 있는 영적인 귀가 열립니다. 그리고 하나님의 음성을 한 걸음씩 따라갈 때마다 상상을 초월하는 하나님의 일을 볼 것입니다. 가만히 자신을 살펴보면 내가 노력해서 얻은 것이 있고, 내가 하지 않았는데도 얻은 것이 있을 것입니다. 그러나 더 깊이 생각해 보면, 내가 노력해서 된 듯 보이는 일들도 다 하나님이 개입하신 것입니다. 하나님이 하신 것입니다. 이것을 붙잡으십시오. 신앙생활의 비밀은 하나님이 하신 일을 붙잡는 것입니다.

4 교제하는 인격 – 하나님은 대화하시는 인격체이십니다

시편 17편 6절은 "하나님이여 내게 응답하시겠는고로 내가 불렀사오니 귀를 기울여 내 말을 들으소서"라고 말씀하고 있습니다. 하나님은 살아 계시고 말씀하시는 인격체

이십니다. 흔히 인간들은 돌을 깎아 놓고 하나님이라 하고, 지푸라기나 찬물 담은 그릇을 놓고 절을 합니다. 이는 인간이 하나님을 잃어버린 후 생겨난 공허함을 달래려는 현상입니다. '사람이 만든 하나님'을 우리는 우상이라고 말합니다. 우상은 중요한 특성을 갖고 있는데 그것은 대화를 할 수 없다는 것입니다. 사람이 자신의 안위와 의탁을 위해 만들었지만 정작 그것은 아무것도 할 수 없다는 데에 우상의 아이러니가 있습니다.

그러나 하나님께서는 홀로 계시지 않습니다. 말씀하시는 대상인 인간과 함께하십니다. 내가 말을 한다는 것은 상대가 그 말을 듣고 있다는 것을 의미합니다. 내가 말을 할 때 상대가 있다는 것은 서로가 인격체임을 뜻하는 것입니다. 하나님께서는 인간에게 말씀하시고 인간의 기도를 들으시며 인간과 사랑의 교제를 나누십니다.

성경에는 주목할 만한 하나님과 인간의 대화가 많이 기록되어 있습니다. 성경 속에서 '말씀하시는 하나님과 듣는 사람'의 대화 모델을 몇 가지 살펴보겠습니다.

첫째, 죄를 지은 후의 사람과 나누신 대화입니다. 아담과 하와는 하나님의 음성을 듣고 겁이 나서 숨었습니다(창 3:8). 하나님이 "아담아 아담아 네가 어디 있느냐?" 하셨을 때 아담이 자신의 죄를 고백했으면 아무 문제가 없었을 것입니다. 하지만 그는 변명했습니다. 또한 하나님이 아벨을 죽인 가인에게 "네 아우 아벨이 어디 있느냐?"고 물으셨을 때(창 4:9), 가인은 "내가 아우를 지키는 자니이까" 하고 대답함으로써 자신의 죄를 숨기려 하였습니다.

둘째, 선지자들과 나누신 대화입니다. 하나님은 선지자를 택하여 세우시고 그들에게 백성에게 전할 그분의 말씀을 들려주셨습니다. 선지자들은 그 말씀을 따라 하나님의 뜻을 전하기도 하였고, 나아갈 바와 행할 것을 알게 되었습니다.

셋째, 노아나 아브라함과 나누신 대화입니다. 하나님은 노아가 살던 시대에 죄악이 가득한 세상을 물로 심판하시기로 결정하셨습니다. 하지만 그렇게 마음먹으셨음에도 불구하고, 하나님은 노아를 택해서 대화하십니다. 또한 심판받을 수밖에 없는 인간과 관계를 회복하시고, 그들과의 관계를 구원의 관계로 만드시기 위해 아브라함을 믿음의 조상으로 세우셨고 그와 계속적으로 대화를 나누셨습니다.

이렇게 하나님은 인간과 다양한 종류의 대화들을 나누셨습니다. 대화하시는 하나님은 오늘 당신과도 대화하시기를 원하십니다.

적용의 지혜 🐾

아기는 뱃속에서 독립적으로 자라는 것이 아닙니다. 엄마와 탯줄로 연결되어 아이의 생명은 전적으로 엄마에게 의존되어 있습니다. 하나님이 인간을 창조하셨을 때 그는 스스로 독립할 수 없는 존재였습니다. 오직 인간은 하나님과 관계하며 자라도록 되어 있는 존재인 것입니다.

5 씨앗의 성장 – 신앙을 자라게 하는 것은 말씀입니다

교회생활을 아무리 10년 20년 오래 한다 해도 믿음이 저절로 생기는 것은 아닙니다. 자기 생각과 지식으로, 자기 방법으로는 믿음이 생기지 않습니다. 믿음이란 '내 생각대로'나 '내 경험대로', '여론'이나 '조사기관에서 말하는 대로'가 아닙니다. 시험하고 비교해서 제일 좋은 것을 선택하는 것도 아닙니다. 그것은 '말씀하신 대로' 입니다.

말씀이 심령에 씨로 뿌려질 때 비로소 믿음이 생기게 됩니다. 그러므로 믿음을 갖기 위해서는 말씀을 들어야 합니다. 생명이신 예수 그리스도의 말씀이 내 심령 속에 뿌려지고 내가 그것을 접하게 될 때 믿음이 생기는 것입니다. 그런데 말씀을 들어도 믿음이 생기지 않는 사람이 있습니다. 말씀을 흘려듣는 사람입니다.

말씀이 당신 속에 뿌려지는 것이 믿음이 생기기 위한 전제 조건이라면 실제적으로 믿음이 생기는 것, 그러니까 싹이 트는 것은 언제일까요? 하나님께서 말씀하신 대로 순종할 때가 바로 믿음이 생기는 순간입니다. 그렇다면 화가 날 때 어떻게 할까요? 바로 말씀을 생각해야 합니다. 이 상황에 대해 성경이 어떻게 말씀하고 있는지 생각하고 순종해야 합니다. 내 기분대로라면 한 대 때려 주고 싶고 내 생각 같아서는 저주의 말을 퍼부어 주고 싶지만 하나님께서 그러지 말아야 한다고 말씀하신다면 '말씀대로' 해야 하는 것입니다.

우리가 세상에 살면서 이 세상을 이길 수 있는 믿음의 비밀은 '말씀'입니다. 말씀을 보고 묵상하십시오. 말씀이 시키는 대로 행하십시오. 그때 믿음은 자라게 될 것입니다.

6 믿음의 비밀 – 말씀은 기적을 체험하게 합니다

기적을 체험하고 싶다면 자신의 생각이나 철학, 상상력을 의지하지 마십시오. 그래서는 아무 일도 일어나지 않습니다. 물에 열을 가하면 물이 끓으면서 수증기가 발생하고, 그 수증기는 엄청난 힘으로 변하여 기차도 움직입니다. 말씀은 살아 있는 실체이기 때문에 운동력, 즉 에너지를 갖고 있습니다. 하나님의 말씀은 성경에 인쇄된 글자로 머물러 있지 않습니다. 그 말씀이 우리 영혼에 접촉되면 그것은 우리 심령 속에서 살아 움직일 뿐 아니라 놀라운 힘으로 영혼과 육체를 사로잡습니다. 그것은 구체적인 능력입니다. 그러므로 귀신 들린 자에게 말씀이 임하면 귀신이 소리를 지르고 떠나갑니다. 하나님의 말씀이 병든 자에게 임하면 치료가 일어납니다. 하나님의 말씀에는 폭풍도 잠잠케 하는 능력이 있습니다. 분노하고 절망하던 영혼에 하나님의 말씀이 들어가면 그 영혼이 위로받고 평안과 기쁨을 얻습니다. 이것이 말씀입니다. 그래서 말씀을 높이고 말씀을 사모하고 말씀을 공부하는 교회와 개인에게 하나님이 능력을 주십니다. 경건하게 하나님의 말씀을 읽는 사람에게는 그 말씀이 살아 움직여서 말을 하고 그 사람에게 역사합니다.

7 분리하는 검(劍) – 하나님의 것을 구분합니다

대부분의 신실한 그리스도인들은 '내가 하는 일이 과연 하나님의 뜻에 합당한 일인가?'를 알고 싶어 합니다. 또 자신이 하는 일이 하나님의 뜻이라고 믿으면서도 가끔씩은 '내 생각과 욕심, 야망이 이 안에 있는 것은 아닐까?' 혹은 '어디까지가 하나님의 뜻이고 어디까지가 내 생각일까?' 하는 고민을 합니다. 이러한 것들을 분별해 내는 것이 말씀입니다.

하나님의 말씀은 좌우에 날 선 예리한 검과 같습니다(히

4:12). 검과 같은 말씀은 우리의 혼과 영과 관절과 골수를 찔러 쪼갭니다. 그것은 분리하는 힘을 갖습니다. 구약시대에 하나님께 제사 드릴 때 제사장들은 예리한 날을 가진 칼로 짐승들의 각을 떴습니다. 그렇게 해서 하나님께 바칠 것과 버릴 것을 구분했습니다. 이와 마찬가지로 하나님의 말씀도 우리 안에 들어오면 우리의 영과 혼과 관절과 골수를 찔러 쪼개어 구분하고 분리합니다.

하나님의 말씀이 없을 때는 나와 마귀가 혼재되어 있습니다. 내 생각과 마귀의 생각이 섞여 있습니다. 그러나 우리 속에 하나님의 말씀이 들어오면 구분할 수 있게 됩니다. 하나님의 것과 세상 것, 땅의 것과 하늘의 것, 이런 것들이 구분되기 시작합니다. 또한 검과 같은 말씀은 우리의 마음과 생각을 꿰뚫어 보게 합니다. 하나님의 말씀 앞에서는 숨겨지는 것이 없습니다. 하나님의 말씀이 임하면 모든 것이 백일하에 드러납니다. 말씀 앞에서는 아무것도 숨길 수 없습니다. 오늘 이 말씀 앞에 두렵고 떨리는 마음으로 서 보십시오.

⑧ 신음 소리 – 하나님은 아주 작은 신음도 들으십니다

어머니는 자면서도 아기의 뒤척임에 매우 민감합니다. 아무리 피곤해도, 세찬 비바람 속에도 어린 자녀의 뒤척이는 소리에는 깨는 법입니다. 하나님도 그러하십니다. 하나님은 우리가 내는 소리에 귀 기울이시고 우리의 아주 작은 신음소리에도 귀 기울이십니다. 그리고 우리에게 말씀하십니다. 하나님은 끊임없이 우리를 격려하시고 회복시키시고 치료하시고 도전하십니다. 그런 하나님의 음성을 듣고, 하나님과 더 친밀한 관계를 맺어 가길 주님의 이름으로 축원합니다.

위기에 처했을 때 과거에 하나님께서 행하신 것들을 기억하십시오. 이스라엘 백성들은 모세의 인도를 따라 홍해를 건넜습니다. 그들은 그때 얼마나 감격하고 기쁨의 눈물을 흘렸겠습니까? 감격과 눈물에 속지 마십시오. 사람은 자기 믿음에 도취할 때가 있습니다. 이스라엘 백성들이 광야에 도착한 지 얼마 지나지 않아 먹을 게 떨어졌습니다. 그때 사람들은 돌변했습니다. 그들은 홍해가 갈라지는 기적을 목격하고도 삶에 적용하지 못했습니다. 오늘까지 지켜 주신 하나님의 신실하심과 사랑을 잊지 마십시오. 그분은 어제나 오늘이나 영원토록 동일하십니다.

* p.100의 〈믿음의 영적 기본기를 확인하는 8가지 진단 테스트〉의 정답은 모두 'No' 입니다.

내 마음에 말씀이 와 닿았다는 것은 영적으로
중요한 의미를 지닙니다. 성령님은 우리 각 개인들이
무엇을 행해야 할 것인가를 두고 어떤 특정한 말씀으로
먼저 마음을 움직이시기 때문입니다.

큐티의 실제

QUIET TIME

큐티의 실제

　큐티를 하고자 하는 마음을 먹었고, 성경과 필기구도 준비하였으며, 아침 일찍 조용한 장소를 마련하였다면 이제 준비가 거의 다 된 것 같습니다. 그러면 구체적으로 어떻게 할 것입니까? 방법은 여러 가지가 있다고 생각합니다. 큐티를 꼭 이대로 해야 한다는 법도 없고 각 사람의 취향과 자라 온 배경에 따라서 각각 다를 수 있습니다. 그러나 가장 기본적인 것은 '실천이 가장 중요하다'는 사실이며, 다음의 몇 가지 중요한 원칙들은 동일하게 적용됩니다. 큐티는 일정한 시간에 일정한 장소에서 일정한 방법으로 꾸준히 하나님의 말씀을 계속해서 듣는 훈련입니다. 그러므로 큐티할 때 많은 분량의 말씀을 읽으면 그것은 소화하기 어려운 말씀이 됩니다. 적은 분량의 말씀을 반복적으로 되씹으면서 내 생활의 양식을 삼아야 합니다.

1. 기본 동작은 이것입니다

큐티의 기본기는 기도와 찬양, 말씀 읽기와 묵상, 적용과 나눔이라고 할 수 있습니다. 그날 그날 특정한 면에 좀 더 집중할 수도 있고, 정리된 어떤 원칙들을 삶에 적용해 볼 수도 있을 것입니다.

① 기도합니다

하루를 어떻게 승리할 수 있습니까? 아침에 무릎 꿇고 "오늘 하루를 살 수 있는 말씀을 주시옵소서"라고 기도한 후 말씀을 들어야 합니다.

하나님의 음성을 듣기 위해서는 평소 꾸준히 기도해야 합니다. 큐티를 시작하면서도 오늘 성령님께서 나에게 하시고자 하는 말씀을 잘 들을 수 있도록, 또한 듣고 깨달은 말씀을 삶 속에서 행할 수 있도록 간구하며 나아가야 합니다.

기도할 때 너무 말을 많이 하지 마십시오. 시편 46편 10절에서는 "너희는 가만히 있어 내가 하나님 됨을 알지어다"라고 했습니다. 말하기를 멈추고 하나님의 목소리를 들으십시오. 조용한 시간 중에 성령님의 인도하심과 그분의 축복을 비십시오. 성경에서 읽은 말씀에 기꺼이 순종하십시오(요 2:5). 깨끗한 마음으로 주 앞에 나아가야 합니다.

> "하나님의 구하시는 제사는 상한 심령이라 하나님
> 이여 상하고 통회하는 마음을 주께서 멸시치 아니
> 하시리이다"(시 51:17).

② 찬양합니다
찬양을 드리며 마음의 문을 활짝 여는 것이 필요합니다.

③ 말씀을 읽습니다

큐티란 본문에서 나에게 무엇을 말씀하시려고 하는지를 자세히 살펴보는 작업입니다. 내 마음에 말씀이 와 닿았다는 것은 영적으로 매우 중요한 의미를 지닙니다. 성령님은 우리 각 개인들이 무엇을 행해야 할 것인가를 두고 어떤 특정한 말씀으로 먼저 마음을 움직이시기 때문입니다. 그것은 나를 천국 백성으로 만드시기 위한 그분의 계획을 확인하는 과정이 됩니다. 성령님은 말씀을 통해 각 사람에 맞게 나아갈 바를 알려 주십니다.

오늘 말씀에서 무엇을 느끼셨습니까? 기도하는 마음으로 말씀을 읽다가 마음에 와 닿는 곳(느껴지는 곳)이 나타나면 거기 머물러 있으십시오. 그 안에서 하나님의 현존을, 그리고 사랑을 느끼며 머물러 있으면 됩니다. 말씀을 한 단어씩, 또는 한 소절 씩, 또는 한 문장씩을 읽으면서 깊이 젖어들면 됩니다.

성경은 주로 이스라엘 역사를 기록한 책이라고 보는 사람들이 있습니다. 또 어떤 이들은 성경에는 완전한 윤리가 기록되어 있다고 생각합니다. 그러나 이런 것들이 성경의 참주제는 아닙니다. 성경의 주제는 예수 그리스도 안에서 일어난 하나님의 구원 역사입니다.

성경을 위대한 문학이나 놀라운 시, 역사 이야기로 간주하는 사람들은 성경의 진의와 성경의 메시지를 망각하고 있는 것입니다. 성경은 어느 시대를 막론하고 베스트셀러의 위치를 지키고 있습니다. 그러나 너무나 많은 사람들이 성경을 오래된 편지를 꽂아 두거나 꽃잎을 말리는 책으로 취급하고 있습니다. 그래서 하나님이 성경을 통해 주시려 하는 도움을 전적으로 받지 못하고 있는 것입니다.

① 읽는 방법

읽기는 큐티에서 가장 중요한 부분인데 가장 무시되기 쉬운 부분이기도 합니다. 읽기는 책을 읽는 것이 아니라 하나님의 음성을 듣는 것입니다.

- **천천히 읽기**: 생각하면서 읽는 것 같지만 실상 내용을 잘 모르고 있는 경우가 많습니다. 왜냐하면 눈으로만

보기 때문입니다. 즉, 모르는 구절이나 단어가 나와도 무엇을 뜻하는지 모르면서 읽기 때문입니다.

- **전체 중심 내용을 파악하고 읽기**: 이 본문이 어디쯤 와 있는지에 대해서 생각하면서 읽어야 합니다.

- **삶에 적용하며 읽기**: 본문의 주인공들이 있다면 자신에게 와 닿은 사람의 심정을 이해하면서 읽어야 합니다.

 Tips

큐티에 대한 하워드 핸드릭스 교수의 조언을 들어 봅시다.

(1) 처음 읽는 것처럼 읽으십시오.
(2) 연애 편지를 읽듯이 읽으십시오.
(3) 탐구하는 자세로 읽으십시오.
(4) 반복해서 읽으십시오. ⇨ 다른 방법, 다른 역본을 통해 여러 번 읽으십시오.
(5) 분석적으로 읽으십시오. 누가, 왜, 무엇을 등등 질문을 던져 가며 읽으십시오.

Tips

또 다른 읽기법들입니다.

(1) 눈으로 쭉 읽으며 전체의 흐름을 잡으십시오.
(2) 천천히 소리 내어 하나님의 음성을 듣듯이 읽으십시오.
(3) 단어 하나하나에 주의를 기울이며 읽되, 한 문장을 읽은 후
    에 잠시 사이를 띄었다가 읽으십시오.
(4) 한 절 한 절 보면서 관찰한 것을 노트에 쓰도록 하십시오.
    (예: 빌 4:4-9
    주 안에서 기뻐하라고 했다.
    항상 기뻐하라고 했다.
    먼저 명령문으로 하고 그 뒤에는 그렇게 명령한 이유를 설
    명하고 있다.
    '종말로' 라는 말을 쓰고 있다.)
    이때 주의할 점은 단지 보이는 것만 그대로 쓰라는 것입니
    다. 당신의 생각이나 해석을 곁들이지는 마십시오.

② 본문이 이해되지 않을 때

마음에 말씀이 와 닿지 않는다는 것은 큐티하는 본문의
내용을 이해하지 못했다는 증거입니다. 잘 생각하며 본문
을 3-4회 읽으면 대개는 본문의 정확한 의미를 파악할 수
있습니다. 본문을 찬찬히 읽고, 그래도 이해가 잘 되지 않

으면 성경사전과 주석 등의 도움을 받아 주어진 본문을 제대로 이해하는 것이 우선되어야 합니다. 본문에서 이해가 안 되거나 모르는 단어나 구절이 있다면 사전 등을 보고 이해해야 합니다. 알지 못하는 단어와 구절들을 적당히 넘겨 짚는 것은 나쁜 습관입니다. 큐티란 '말씀의 뜻'을 발견하여 '성경의 말씀'과 '나의 삶'을 접목시키는 과정이기 때문입니다. 또한 본문의 위치와 그 구절들이 나타내려는 뜻을 확실하게 알고 있어야 합니다.

④ 묵상합니다

본문을 읽고 본문 내용을 이해했다면, 본문에서 제시하고자 하는 내용을 깨닫게 됩니다. 본문이 이해가 되면 깨달은 말씀과 자신의 모습을 비교해 보는데, 이 과정을 묵상이라고 합니다. 그 본문 중에서 특별히 와 닿은 말씀을 묵상하십시오. 오늘 말씀에서 어떤 단어나 구절이 마음에 와 닿았는지, 그 말씀에서 무엇을 느꼈는지 생각해 보십시오.

묵상에 해당하는 영어 단어 'meditation'의 어원은 원

래 라틴어 '메디켈루스'로서 '약'(medicine)이란 말의 어원
이기도 합니다. 약이 온몸에 퍼져 약효를 내듯이, 묵상이란
어떤 한 생각이나 사실이 인간의 내면으로 퍼져 가는 영향
을 미친다는 의미에서입니다.

큐티를 '만나를 먹는 것'에 비유한다면, 준비 기도는 식
욕을 돋우는 것이라 할 수 있고, 읽기는 만나(음식)를 입에
넣는 것에 비유할 수 있습니다. 그리고 묵상은 그 음식을
잘 씹어서 넘기는 것에 해당합니다. 여기서 '씹는다'는 것
은 바로 질문하고, 그 질문을 생각하고, 대답을 찾아내는
것 모두를 말하는 것입니다.

이때 중요한 것은 '내가 깨닫는 것'이 아니라 '하나님께
서 깨닫게 하신다는 것'입니다. 그러므로 묵상할 때는 기
도하며 간구하는 마음이어야 합니다.

① 질문을 통해 묵상하십시오
- **기본적인 질문:** 언제, 누가, 왜, 무엇 때문에 등등 의
문사를 사용하며 묻는 것입니다.

- 영적인 질문
  - ▶ 이 말씀 속에 나타나신 하나님(성부, 성자, 성령)의 성품(속성)은 무엇인가?
  - ▶ 이 말씀 속에서 보여 주시는 하나님의 역사하심 (섭리)의 원리는 무엇인가?
  - ▶ 성경의 저자는 어떤 영적 비밀들을 알려 주고 있는가?

② 깨달음의 내용을 검토하십시오

- 나를 향한 하나님의 계획과 인도하심의 내용이 있는가?
- 하나님이 원하시는 길을 걸어가는 데 필요한 지혜와 힘을 주는 말씀은 없는가?
- 내 문제(죄, 행위, 내면의 모습 등)에 대해 말씀하시는 것은 없는가?

③ 직접 주시는 말씀을 받으십시오

하나님의 생기로 창조된 인간은 하나님의 말씀으로 호

흡할 때 진정한 만족이 있습니다. 특별히, 타락한 인간이 살 길은 오직 말씀으로 호흡하는 것입니다.

말씀이 우리 마음의 은밀한 곳까지 임하려면, 성경을 읽을 때 어떤 말씀이 내게 직접 주시는 말씀이며, 그것이 나만의 개인적 상황과 직접 연관되는지 살펴야 합니다.

읽기를 통해 나의 인지 영역으로 들어온 말씀이 가슴까지 들어오지 않고 그냥 처리된다면 그 말씀과 나의 내면과는 별 상관이 없는 것입니다. 그런데 질문과 대답의 과정에 앞서, 읽기나 묵상을 위한 질문 과정에서부터 그냥 우리 가슴에 와서 콱 박히는 말씀이 있을 수도 있습니다. 그것은 문장일 수도 있고 단어나 어떤 이름, 아니면 또 다른 어떤 것일 수도 있습니다. 현실 가운데 구체적으로 고민하고 있거나 관심 있는 무엇에 대한 말씀이 읽기나 묵상을 위한 질문을 찾는 가운데 보이고 깨달아지는 것입니다. 이때는 적용까지 한꺼번에 일어나게 됩니다.

④ 기록하십시오

　묵상하고 적용된 말씀은 그냥 느끼고 마는 게 아니라 노트에 적어 두는 것이 좋습니다. 글을 쓰면 생각이 정리되기 때문입니다. 또 글을 쓰면 나중에 잊어버리지 않고 그것을 영적 유익을 위해 쓰는 데 도움이 되기 때문입니다. 큐티노트를 마련해 묵상을 통해 마음에 떠오르는 감동, 내 삶에 적용할 부분, 결단 등을 항상 기록할 수 있기를 바랍니다. "그러므로 주님은 나에게…말씀하신다"라고 기록하십시오.

　또한 기도를 글로 표현할 수 있습니다. 개인적인 청원의 기도뿐 아니라 오늘의 말씀을 묵상하면서 드리는 나의 고백적 기도(사랑의 고백, 죄의 고백 등), 내가 붙잡아야 할 말씀 등을 적으며 기도할 수 있습니다. 깨달은 말씀, 해야 할 것에 대한 적용, 그리고 받은 은혜를 그냥 흘려보내지 말고 적어 두시기 바랍니다.

⑤ 적용합니다

　말씀에서 제시하고자 하는 대로 순종하기 위해서 내가 어떻게 변화해야 하는가 그 방법을 찾는 것이 적용입니다.

적용은 "깨달은 내용을 나의 상황에 대입해 보았을 때 내게 부족했던 것은 무엇인가? 그래서 이제 어떻게 해야 할 것인가?"를 구체적으로 생각하고 실천하는 것입니다.

적용을 할 때 생각해야 할 점을 3P로 요약할 수 있습니다.

- P: Personal – 개인적이어야 합니다. 다른 사람에게 적용하지 말고 자신에게 적용해야 합니다.
- P: Practical – 실제적이어야 합니다. 추상적으로 하지 말고 구체적으로 해야 합니다.
- P: Possible – 가능한 적용이어야 합니다. 오늘 실천 가능한 것으로 해야 합니다.

적용의 지혜

기적과 권능을 본 것보다 더 중요한 것은 우리가 변하는 것입니다. 복음을 믿고 회개하고 변화되는 것, 이보다 중요한 것은 없습니다. 이것은 우리가 교회에 나오고 봉사하고 일하는 것보다 더 중요합니다. 주님 앞에 나와 회개하고 주님의 보혈로 깨끗해짐을 받아야 합니다. 겸손하게 변화되어야 합니다.

6 나눕니다

① 각자의 삶에서의 나눔

큐티를 통하여 받은 그 은혜는 혼자 갖고 있지 말고 하루를 생활하는 동안 다른 사람들과 나누십시오. 내가 받은 만나를 이웃과 친구들과 식구들에게 함께 나누는 것은 유익하고 매우 중요합니다.

나눔의 제1단계는 '큐티하는 마음으로 하루를 사는 것'입니다. 나에게 주신 말씀을 일상생활을 하면서도 계속 떠올리며 하루를 사는 것을 의미합니다.

제2단계는 '변화된 삶'입니다. 큐티하면서 받은 말씀대로 먼저 자신의 삶이 변하는 것이 나눔입니다.

제3단계는 큐티하면서 받은 은혜를 '나누는 것'입니다.

제4단계는 '사역'입니다. 하나님과 교제가 깊어지고 하나님의 마음을 갖게 되면 거기서부터 사역이 시작됩니다.

② 모임 안에서의 나눔

'스스로', '혼자' 큐티할 수 있을 때까지는 나눔의 현장이 필요합니다. 더 나아가서, 혼자 해 나갈 수 있더라도 큐티한 것, 즉 내가 깨달은 말씀과 순종한 삶을 함께 나눌 수 있는 소그룹이 있다면 당신은 더욱 풍성한 은혜를 누릴 수 있을 것입니다.

그러나 나눔의 시간을 가질 때 주의해야 할 점들이 있습니다. 큐티를 지속적으로 하기 위해서는 서로의 비밀을 지켜 주어야 하며, 한두 사람이 독점하지 말고, 서로 진실한 나눔이 되도록 해야 한다는 것입니다.

나눌 때는 본문에 나타난 사건을 전달하는 것이 아니라 각자 적용한 것을 나누어야 합니다. 남의 이야기가 아니라 내가 개인적으로 큐티한 것을 나누어야 하는 것입니다. 나눌 때 '잘 했다, 잘못 했다'는 마음을 가져서도 안 됩니다. 즉, 자아비판식의 이야기는 좋지 않습니다. 새롭게 깨달은 것과 변화된 삶의 부분을 우선적으로 말해야 합니다. 이때, 시간적으로 최근의 것을 중심으로 하는 것이 좋습니다.

사람들 앞에 말하는 것이 아니라 하나님 앞에서 말씀드린다는 생각으로 진실하고 거룩한 자세로 임해야 합니다. 일주일 동안 지내면서 '하나님께서 나에게 어떻게 역사하셨는가?' 하는 것들을 나누면 소그룹 모임은 살아나기 시작합니다.

 〈큐티 나눔 시 점검해야 할 질문들〉

1. 오늘 성경 구절을 읽어 보셨습니까?
2. 성경 말씀을 요약해 보셨습니까?
3. 말씀 중에 어떤 말씀 또는 어떤 단어가 마음에 와 닿던가요?
4. 당신은 오늘 말씀에서 무엇을 느끼셨습니까?
5. 말씀에 자신을 비춰 보십시오.
6. 어떻게 행하기를 원하십니까?
7. 하나님께서 주신 말씀이라고 확신하십니까?

〈큐티 후 자신을 점검하는 질문들〉

이 질문들은 그날 저녁에 지나간 하루를 돌아보며, 또는 다음
날 아침에 전날을 기억하며 답해도 좋습니다.

1. 하루를 돌아볼 때 가장 의미 깊은 사건은 무엇이었나?
2. 오늘을 다른 날과 다르게 독특하게 했던 것은 어떤 점이었
   는가?
3. 특별히 의미 깊은 대화를 했는가?
4. 어떤 책을 읽었는가? 그것에 대한 나의 반응은 무엇이었나?
5. 오늘 하루 동안 나의 기분은 어떠했는가? 감정이 고조되었거
   나 가라앉았을 때는 언제였는가? 왜 나는 그렇게 느꼈는가?
6. 오늘 걱정거리가 있었는가?
7. 오늘 가장 즐거웠던 것은 무엇이었나?
8. 오늘 내가 성취한 것은 무엇이었나?
9. 무엇인가에 실패했는가? 그것을 통해 배울 수 있는 것은 무
   엇인가?
10. 내가 간직하고 싶은 사실에서 나 자신이나 다른 사람들에
    대한 어떤 통찰력을 얻었는가?

2. 실전! – 여러 가지 방법들이 있습니다

큐티를 하는 데에는 다양한 훈련과 다양한 방법이 있습니다. 큐티하는 방법을 좀 더 구체적으로 같이 공부하고 훈련한다면 그냥 상식적인 선에서 아는 것보다 좀 더 우리들의 신앙생활에 도움이 될 것입니다. 꼭 한 가지 방법만을 이야기할 필요는 없습니다. 두란노서원에서 하고 있는 『생명의 삶』이라고 하는 방법이 있습니다. 또 성서유니온에서 하는 『매일성경』이라는 방법이 있습니다. UBF의 방법, ESF의 방법, 다락방의 방법, 빌리 그래함의 방법도 있습니다. 어떤 것이 더 좋고 어떤 것이 더 나쁘다고 할 필요가 없습니다. 다 좋은 것이고 다 필요한 방법입니다. 이제 그 여러 방법 중에 효과적이고 편리한 방법들을 제시하고자 합니다.

1 예수님의 큐티 방법

"새벽 오히려 미명에 예수께서 일어나 나가 한적한

곳으로 가사 거기서 기도하시더니"(막 1:35).

예수님의 큐티 방법은 한적한 곳에 가신 것입니다. 제자들과 늘 함께 계시던 예수님이시지만 아침 일찍 홀로 자신만의 시간을 한적한 곳에서 보내셨습니다. 큐티는 한적한 곳으로 가야만 시작됩니다. 여기서 한적한 곳이란 물리적으로 소음에서부터 분리된 곳이라기보다는 주변 상황과 상관없이 자기만의 시간을 가질 수 있는 곳이면 어디든지 좋습니다. 당신만의 '한적한 곳'은 어디입니까?

다윗은 시편 5편 3절에서 이렇게 노래했습니다.

"여호와여 아침에 주께서 나의 소리를 들으시리니 아침에 내가 주께 기도하고 바라리이다."

예수님은 아침 뿐만 아니라 때때로 밤을 새워 가며 기도하시기도 했습니다.

"…밤이 맞도록 하나님께 기도하시고"(눅 6:12).

예수님이 보여 주신 모범과 선배 신앙인들의 경험은, 주님과 또한 그 말씀과 함께하는 매일매일의 큐티를 지킬 것에 대한 좋은 지침이 됩니다.

 Tips 〈성경을 읽을 때 예수님을 발견하려고 노력하십시오〉

요한복음을 보면 "말씀이 육신이 되어 우리 가운데 거하시
매 우리가 그 영광을 보니 아버지의 독생자의 영광이요 은혜
와 진리가 충만하더라"(요 1:14)고 했습니다. 그러므로 우리가
성경을 이해하는 데 열쇠가 되는 것은 한 가지뿐입니다. 곧 예
수님이 하나님이시라는 진리를 믿는 것입니다. 그럴 때 창세
기에서 요한계시록까지 성경을 한눈에 꿰뚫어 볼 수 있습니
다. 예수님이 하나님이심을 믿지 않는다면 성경 말씀에 의심
이 생기고 갈등하게 됩니다.

분명한 것은 예수님은 하나님이시고 하나님의 독생자라는
사실입니다. 하지만 세상의 고약한 사람들은 예수님을 사생아
라고 폄훼(貶毀)합니다. 그들은 흠 없고 죄 없는 완전한 인간인
예수 그리스도를 상상조차 해본 적이 없습니다. 그러나 우리
는 예수님을 상상도 하고 직접 만날 수도 있습니다. 예수님의
얼굴엔 독생자의 영광이 가득합니다. 예수님의 얼굴은 하나님
의 얼굴이며, 독특한 영광의 얼굴입니다. 우리 안에 거하시는
예수님을 만나는 것이 바로 예수님을 믿는 일입니다.

많은 사람들이 예수님을 영접한 다음에 공허함을 느끼는
것은 독생자의 영광을 본 적이 없기 때문입니다. 하나님의 아
들이신 예수님은 우리와 함께 동거하십니다. 그럴 때 우리는
독생자의 영광을 경험할 수 있는 것입니다.

우리가 큐티하면서 예수님을 이해하려고 노력하는 것은 성
경을 바르게 이해하는 열쇠가 됩니다.

② 두 가지 질문법

예전에 젊은이들이 좋아하던 어떤 TV 광고에서 "힙합을 할 때는 두 가지만 기억하라"고 해서 많이들 따라 했는데요, 큐티도 이것저것 생각하기 너무 어려우면 이것 딱 두 가지만 기억하시기 바랍니다. "하나님은 어떤 분이신가?"와 "나는 누구인가?"라는 질문입니다. 어떤 본문이든지 상관이 없습니다. 큐티할 때 본문 말씀을 읽으면서 이 두 가지의 중요한 질문을 해보는 것입니다.

오늘 내게 주신 이 본문 말씀을 통해서 "하나님은 어떤 분이신가?", 그리고 "나는 누구인가?"라는 질문을 지속적으로 반복하여 묻고 대답해 보십시오. 이 질문들은 당신의 영적 생활을 지속적으로 끊임없이 해 나갈 수 있는 버팀목이 될 것입니다.

③ PRESS 방법

요즘 비교적 많이 알려진 방법이기도 합니다. 프레스 (press)란 잘 아는 대로 신문이라고도 번역할 수 있지만, 여기서의 PRESS는 5가지 기본 동작의 머리글자를 순서대로 딴 것입니다.

- P: Pray for moments(짧게 기도하라) – 잠시 동안 기도를 드리는 것입니다. 기도를 너무 오래 하는 것보다는 짧게 하는 것이 좋습니다.

  "오늘 하나님께서 저에게 들려주시고자 하는 말씀을 제가 잘 듣게 해 주시옵소서. 겸손케 해 주시옵소서. 저의 마음을 비우게 해 주시옵소서."

  이렇게 잠시 동안 하나님께 간구하는 그런 기도입니다.

- R: Read His word(말씀을 읽으라) – 하나님의 말씀을 읽는 것입니다. 3번쯤 반복해서 읽으면 좋을 것입니다.

- E: Examine His word(말씀을 관찰, 묵상하라) – 하나님의 말씀을 관찰하고 상고하는 것입니다. 하나님께서 오늘 말씀 중에 특별히 어떤 말씀을 나에게 주시는지 상고하는 겁니다.

- S: Say to God(하나님께 고백하라) – 하나님께 내가 하고 싶은 말을 하는 것입니다. 이는 마지막 기도라고 할

수 있습니다.

"하나님 오늘 이러한 말씀을 주셔서 감사합니다. 오늘도 특별히 말씀을 통해서 이런 것을 깨닫게 해 주셨는데 참으로 오늘 제가 이 말씀대로 순종하기를 원합니다. 그러나 제가 힘이 없으니 성령님을 통하여 이 말씀대로 순종할 수 있는 힘을 허락해 주시옵소서." 하나님께 부탁하며 서원하는 그런 기도입니다.

- S: Say to others(다른 사람들과 나누라) - 친구나 다른 사람들과 그날 받은 은총을 나누는 것입니다.

④ SPACE 방법

말씀을 묵상할 때 다음의 5가지 사항을 유념하여 묵상하면 도움이 됩니다. SPACE 역시 그 5가지의 첫 머리글자를 따서 정리한 것입니다.

- S: Sins to confess(자백해야 할 죄)
- P: Promises to claim(붙잡을 약속)
- A: Actions to avoid(피해야 할 행동)

- C: Commands to obey(순종해야 할 명령)
- E: Examples to follow(따라야 할 모범)

5 ACTS 방법

SPACE 방법이 묵상할 때 생각할 것이라면, ACTS 방법은 기도를 위한 것입니다. 진실한 기도는 노력 없이 되지 않습니다. 그것은 많은 시간과 훈련을 요구합니다. 기도에 다음의 4가지 요소를 꼭 갖추도록 해보십시오.

- A: Adoration(경배): 하나님에 대해 마음에서 우러나는 찬양을 하십시오(시 95:6).
- C: Confession(고백): 죄를 낱낱이 기록하면 자신의 죄를 있는 그대로 볼 수 있습니다(시 32:5).
- T: Thanksgiving(감사): 기쁜 일이나 슬픈 일이나 모든 일에 대해 주님께 감사하는 것입니다(빌 4:6).
- S: Supplication(간구): 탄원, 요구, 희망 사항을 전하는 것입니다(딤전 2:1). 간구할 제목을 사역, 인간관계, 가족, 개인적인 필요 등 4개의 영역으로 구체적으로 나

누어 보십시오. 혹은 자기 나름대로 영역을 나누는
것도 괜찮습니다.

6 데니스 레인 목사님의 큐티 방법

큐티하는 사람 가운데 제게 가장 많은 자극을 주었던 분
은 두란노서원에서 19년 동안 성경 강해설교를 가르쳤던
데니스 레인 목사님이십니다. 그분에게는 큐티 가이드가
따로 없습니다. 항상 성경을 가지고 큐티를 하십니다. 언젠
가 뉴욕에서 목사님들을 모시고 강해설교 세미나를 하기
위해서 한 호텔에 같이 묵은 적이 있습니다. 사실 저는 피
곤하면 큐티를 잘 못합니다. 그날도 빡빡한 일정으로 몹시
피곤한 채 아침 식사를 하기 위해서 식당에서 기다리는데
그분이 조금 늦게 오셨습니다. 그래서 왜 늦으셨냐고 했더
니 이제야 큐티가 끝났다고 하셨습니다. 그분은 큐티가 끝
나지 않으면 절대 움직이지 않았습니다. 그때 저는 큰 감동
을 받았습니다.

그 데니스 레인 목사님은 세상에서 자기 부인의 말을 제

일 잘 듣습니다. 아무튼 부인의 말이라고 하면 꼼짝없이 예수님 말씀 다음으로 잘 듣습니다. 하지만 큐티하는 시간만큼은 부인이 어떤 요구를 할지라도 양보하지 않습니다. 그분은 그렇게 큐티를 30년간 해 왔습니다. 우리가 알고 있는 데니스 레인의 강해설교는 전부 그 큐티에서 나온 것입니다. 그분이 제게 자기는 앞으로 지금까지 큐티해 온 자료를 가지고 100년을 설교할 자료가 있다고 말한 적이 있습니다. 백 년을 가지고 설교를 해도 못 다 할 만큼의 자료를 이미 묵상을 통해 다 끝냈다는 것입니다. 엄청난 얘기입니다. 지난 번에 한국에 와서 에스겔서를 강해하셨는데 그 에스겔서 한 책을 위해서 2년 동안 큐티를 하셨습니다. 에스겔서 한 책을 끝내는 데 2년이 걸렸습니다. 지금은 레위기를 하고 있는데 몇 년 후에 끝날지 모른답니다. 다섯 절씩 열 절씩 깊이, 하루에 30분씩, 1시간씩을 매일매일 묵상하면서 메모합니다. 설교를 위해서 따로 준비하지 않고 그 묵상에서 이미 설교 준비가 끝났다고 얘기합니다. 『아브라함과의 하나님』이라는 책을 한 번 읽어 보십시오. 우리가 아브라함에 대한 설교를 수없이 들어 왔지만, 그 설교를 들어 보면 똑같은 본문인데 나는 감히 상상할 수 없는 부분을 그분은 그 본문에서 찾아내고 있는 것을 발견하게 됩니다. 깊은 말씀의 묵상에서 그런 결과가 나오는 것입니다. 그렇기 때문에 그분은 말씀의 능력을 갖고 있는 것입니다. 어쩌면 그분이 하고 있는 큐티는 평신도들이 하기에는 어려울지도 모릅니다. 그러나 우리도 20년, 30년 큐티를 해 나가게 되면 그와 같은 깊은 묵상이 이루어지리라 생각합니다.

적용의 지혜

제가 전하는 설교는 큐티식 설교입니다. 새벽마다 큐티한 내용들을 그때마다 툭툭 던져 줍니다. 그리고 적용하도록 합니다. 그렇게 매일 오랜 시간 습관이 됐기 때문에 어떤 본문이 나와도 본능적으로 큐티하는 식으로 설교를 준비 합니다. 어떤 때는 구절이 너무 많이 연이어 나오기 때문에 설교하려면 몇 부분으로 잘라 내기도 합니다. 그래야 청중이 받아들일 수 있는 메시지가 나타나게 됩니다. 이런 부분에 익숙하지 않은 사람들은 큐티, 특히 묵상한 말씀을 가지고 적용에까지 끌어 오는 훈련을 할 수 있기를 바랍니다.

7 『생명의 삶』으로 큐티하기

『생명의 삶』 상단에 보면 깨알 같은 글씨로 찬송가 가사가 소개되어 있습니다. 어떤 방법으로 하건 찬양을 부르시는 것이 좋습니다. 찬양하면 잠도 깰 뿐만 아니라 여러 가지 잡다한 잡념도 없애고, 우리의 마음도 큐티에 집중시킬 수 있습니다.

그 다음에 잠시 기도를 하고 성경 본문을 한 3번 정도 읽습니다. 그냥 조용히 읽어도 좋고 소리를 내서 읽어도 좋습니다. 이때는 전체의 배경을 알고 주제를 파악하고 나의 삶에 적용하는 겁니다. 그리고 이 본문 말씀 속에서 하나님이 이 시각 나에게 들려주시고자 하는 말씀이 무엇인지 조용히 경청합니다. 하나님의 말씀을 경청한다는 점에서 큐티는 성경공부하고는 전연 다른 것입니다. 이것은 연구하는 것이 아닙니다. 하나님의 말씀을 듣는 것입니다. 이때 꼭 필요한 것은 노트나 『생명의 삶』 여백에 그날 들은 것, 깨닫고 느낀 점을 직접 적는 것입니다.

그 다음에 하나님께서 오늘 주신 말씀에 감사하는 기도

를 드리고 이 말씀대로 오늘 순종할 힘을 달라고 간구하는 것입니다.

『생명의 삶』이 강조하고자 하는 것은, 오늘은 이 본문을 큐티하고 내일은 저 본문을 큐티하는 그런 큐티가 아니라 성경의 순서에 따라서 계속적으로 큐티하는 방법입니다.

8 기타 방법

우리나라에서 나오는 여러 가지 큐티 교재 중 맨 먼저 성서유니온에서 나오는 『매일성경』을 추천할 수 있습니다. 그러나 사실 한국에 큐티가 제일 먼저 들어오게 된 것은 IVF를 통해서입니다. IVF 선교단체는 큐티에 대해 강조를 많이 하기 때문에 제일 많은 자료와 경험을 가지고 있다고 생각합니다. 그리고 그 사람들의 일부가 나와서 생긴 단체가 UBF입니다. 그래서 UBF에서 만든 큐티 책이 『일용할 양식』입니다. 『일용할 양식』은 전적으로 IVF의 방법론을 그대로 따른 것입니다.

지금까지 한국 교회는 이런 부분에 전혀 눈을 뜨지 못했기 때문에 그것은 일부 학생단체들이나 소수의 선교단체들이 해 오는 운동으로나 여겨졌습니다. 그러나 최근들어 부흥회와 같은 사역들이 점점 자취를 감추고 제자훈련과 성경공부와 세계선교와 같은 프로그램들이 강조되기 시작하였습니다. 이제 한국 교회는 이러한 교회 프로그램을 통해 점점 변화하기 시작했습니다. 이 변화에 필연적으로 따라오는 것이 큐티였습니다. 왜냐하면 성경공부나 제자훈련이나 교회 양육 프로그램에 기초가 되는 것이 바로 큐티이기 때문입니다.

이 큐티 훈련이 되어 있지 않으면 제자훈련은 불가능합니다. 큐티 훈련이 되어 있지 않으면 지속적인 성경공부 훈련은 불가능합니다. 우리나라에서 하는 성경공부나 제자훈련들이 이렇게 뭔가 교재만 가지면 다 될 것 같아서 열심히 했지만, 그러다가 막혔던 이유는 이 큐티가 없었기 때문입니다. 큐티는 생활운동이기 때문입니다.

하나님의 음성을 잘 듣기 위해 하나님을 받아들이려면
죄를 제거해야 합니다. 숨은 죄가 있다면 회개하고,
사탄이 유혹하면 단호하게 물리치십시오.
그리고 무슨 일을 할 때는 성경에 비추어
그 일이 타당한지 점검하십시오.

제5장

큐티 업그레이드

큐티 업그레이드

1. 영적 훈련을 병행합니다

큐티할 때 단순하게 매일 30분 동안 성경공부하는 것뿐만 아니라 몇 가지 영성 훈련이 연결되어야 한다고 생각합니다. 단순한 큐티 훈련만을 하면 단조로워지기 쉽고 하나의 매너리즘에 빠지기 쉽습니다. 큐티 시간을 전체적으로 생동감 있게 살려 주기 위해서는 그리스도인의 전체적인 영성 훈련 개념들과 함께 생각하는 것이 좋겠습니다.

1 내적인 훈련을 병행하십시오

먼저 자기 자신의 내면의 훈련을 위해 4가지를 소개하고 싶습니다. 즉, 나와의 관계를 위해서입니다.

① 묵상 훈련

묵상 훈련입니다. 자기의 내면 세계를 들여다보면서 자신이 죄인임을 발견하고, 하나님의 말씀을 깊이 묵상하면서 하나님의 영광을 발견하는 훈련을 말합니다. 묵상은 책에서 배우는 것이 아니라 묵상을 통해서만 배워집니다.

현대 그리스도인들의 치명적인 약점은 묵상이 없는 데 있습니다. 오늘날 그리스도인들의 가장 치명적인 약점은 묵상의 결여입니다. 하나님의 말씀을 깊이 묵상하며 씹는 훈련, 그것을 되새기는 훈련은 우리 기독교 프로그램에 거의 없다 해도 과언이 아닙니다. 침묵하는 훈련, 말씀을 듣는 훈련들이 우리에게 없습니다. 그래서 내면적인 훈련을 위해서 우리는 큐티와 함께 첫째로 이 묵상 훈련을 생각해야 합니다. 하나님께서는 여호수아에게 "내가 모세에게 주었던 그 말씀을 네 입술에 두며 그 말씀을 주야로 묵상하며 그 말씀을 명하는 대로 다 지켜 행하라 그리하면 네가 어디로 가든지 형통하리라"(수 1:7-8 참조)고 말씀하셨습니다.

② 기도 훈련

큐티는 묵상 훈련과 연결되어야 하며 기도 훈련과 연관성을 가져야 합니다. 기도 없는 큐티는 의미가 없습니다. 특별히 기도라고 할 때 내가 하나님께 드리는 기도도 중요하지만 하나님께서 나에게 하시는 말씀을 듣는 '듣는 기도'의 중요성은 아무리 말해도 지나치지 않을 것입니다. '말하는 기도'도 중요하지만 '듣는 기도'의 훈련도 중요하다는 말입니다.

③ 금식 훈련

금식은 유익합니다. 가끔 우리의 영성을 위해서 금식을 할 필요가 있습니다. 예수님도 금식을 인정하셨습니다.

④ 공부하는 훈련

영성 큐티 훈련을 위해서는 정규적으로 공부하는 훈련이 있어야 합니다. 그런데 공부하는 훈련이 안 되어 있는 사람은 큐티하는 데 굉장히 어려움을 느낄 것입니다. 돌아다니기를 좋아하는 사람은 큐티하는 데 아주 곤욕을 치를 것입니다. 말하기를 좋아하는 사람은 큐티하기가 어렵습니다. 듣기보다는 말하기를 좋아하는 사람도 큐티를 잘 못합니다. 그래서 이 큐티는 평소에 공부를 잘 하는 사람이 잘 합니다. 학교 공부를 잘 하는 사람, 쓰는 것을 좋아하는 사람, 책 읽는 것을 좋아하는 사람이 큐티를 잘 할 수 있습니다. 영화를 좋아한다거나 텔레비전 보기 등 노는 걸 좋아하는 사람들은 큐티하려면 힘이 듭니다. 그러므로 큐티 훈련과 함께 꼭 해야 하는 훈련은 공부하는 체질을 만드는 것입니다. 한 달에 책 몇 권씩을 읽는 훈련, 이런 것도 다 중요합니다.

그러므로 큐티 훈련만 해서는 큐티가 안 됩니다. 이런 여러 가지 관계되는 훈련들이 전체적으로 함께 이루어져야만 큐티가 살아 움직이기 시작합니다.

② 외적인 훈련과 병행하십시오

올바른 큐티를 위해 외적인 훈련도 필요합니다. 즉, 나와 너와의 관계 훈련입니다. 큐티 훈련을 잘하기 위해서는 외적인 훈련이 동반되어야 합니다. 이것도 4가지를 생각해볼 수가 있겠습니다.

① 단순화 훈련

단순성은 자유와 기쁨과 안정을 주지만, 치장하고 겉치레하는 것은 멍에와 근심과 불안을 줍니다. 신앙은 겉치레가 아니므로 단순화시켜야 합니다. 말이 많고 복잡한 사람이 있습니다. 이 사람들은 이 생각 저 생각 복잡하고 말이 많고 이유가 많고 변명이 많습니다. 그러나 성령이 충만한 사람들은 아주 단순합니다. '네' 아니면 '아니오'입니다. 그런데 단순성 훈련에는 사고에서뿐만 아니라 생활의 단순성 훈련도 포함이 됩니다. 먹는 것, 입는 것, 사는 것, 쓰는 것 등 모든 것에서 심플합니다. 현대 외국의 경우 복음주의자들의 영성 훈련의 결론은 한마디로 말하면 단순성 훈련입니다. 그 유명한 복음주의자들이 모여서 '심플 라이프 운동'(simple life movement)을 일으키며 헌장을 만들어서 모든 사람에게 단순하게 사는 것을 가르치기도 합니다.

② 고독 훈련

큐티를 하기 위해서는 고독 훈련이 따라야 합니다. 하나님과 홀로 있는 훈련입니다. 얍복 강에서 야곱이 홀로 하나님을 만난 것과 같은 홀로 하나님을 만나는 이런 훈련이 큐티 훈련에 수반되어야 합니다.

③ 순종 훈련

철저하게 하나님께 순종하고, 말씀에 순종하고, 교회의
권위에 순종하고, 목사님에게 순종하고, 교회의 여러 어른
들에게 순종하고, 남편에게 순종하고, 부모에게 순종하는
훈련입니다. 가톨릭에서는 순명이라는 말을 쓰는데, 우리
개신교에서는 순종이라는 말을 씁니다. 이 순종이 체질화
되어야 합니다. 반항이 체질인 사람이 있습니다. 무슨 말을
해도 반항적으로 하고 똑같은 표현을 해도 반항적으로 합
니다. 반면, 똑같은 말을 해도 온순하고 순종하는 표현을
쓰는 사람이 있습니다. 그리스도인의 영적 훈련에서 이 순
종은 큐티 훈련에 결정적인 영향력을 미칩니다.

④ 섬기는 훈련

섬기는 훈련 없이 큐티는 불가능합니다. 단순화 훈련,
고독 훈련, 순종 훈련, 섬기는 훈련 등을 통해서 우리의 외
적인 훈련이 이루어집니다.

3 공동체 훈련을 병행하십시오

올바른 큐티를 위해서는 공동체 훈련이 필요합니다. 즉, 우리 안에서의 훈련입니다.

① 용서하는 훈련

이 공동체 훈련에서 제일 중요한 것은 용서하는 훈련입니다. 같은 공동체 사람들 사이에 일어나는 미움과 갈등을 빨리빨리 풀지 않으면 큐티를 해 나갈 수가 없습니다. 왜냐하면 계속해서 양심의 가책을 느끼기 때문입니다. 그래서 이런 고백 훈련, 특별히 용서의 훈련을 해야 합니다.

적용의 지혜

사람을 만나고 일을 하는 데는 시간을 내고 정성을 쏟지만 하나님을 만나는 일에는 얼마나 의무적이고 게으른지 자문해 봅시다. 하나님을 위해서 일하고 계획하는 데는 밤을 새우고 열정을 쏟고 코피를 흘리지만 그분과 만나서 교제하고 그분을 예배하고 찬양하는 일은 너무나 가볍게 생각하고 인색한 것이 당신의 모습은 아닐까요?

② 예배 훈련

큐티를 잘 하기 위해서는 공동체에서 특별히 예배 훈련이 필요합니다.

③ 인도하는 훈련

우리가 다른 사람들을 어떻게 잘 인도할지를 훈련하는 것입니다.

④ 축제 훈련

우리가 천국에서 누릴 여러 가지 기쁨을 함께 나누는 축제 훈련은 큐티에 큰 도움이 됩니다.

지금 제가 말씀 드린 이 모든 것들은 리차드 포스터가 말하고 있는 내용들입니다. 리차드 포스터는 『훈련의 기쁨』이라는 책에서 이런 부분 하나하나에 대해서 자세히 이야기하고 있는데, 이 모든 내용들이 전부 큐티와 연관성을 갖습니다.

이런 열두 가지 훈련들과 함께 큐티를 하게 되면 큐티하는 데 혹시 있을 그 모든 위험성에서부터 벗어날 수 있습니다.

2. 큐티할 때 이것을 주의하십시오

① 큐티할 때 항상 조심하세요

① 타성에 빠져서는 안 됩니다

모든 프로그램이 다 마찬가지입니다만 큐티도 처음 할 때는 감격스럽고 눈물을 흘리고 신이 납니다. 그러나 시간이 지나면 그것도 또 하나의 습관이 됩니다. 큐티가 습관이 되지 않도록 날마다 날마다 생동감 있게 주님을 만날 수 있어야 합니다. 큐티는 방법론이 아닙니다. 그러니 너무 어떤 특정 비법, 기가 막힌 비결을 배우려고 애쓰지 마십시오. 큐티 세미나에 참석하거나 이 책을 읽으면서 혹시 엄청난 비법을 배우려고 기대한 분들이 계시다면 조금은 실망하리라고 생각합니다. 하지만 비법은 없습니다. 밥을 먹는 데 무슨 특별한 비법이 있겠습니까? 밥을 먹듯이, 큐티는 우리 평생에 늘 해야 할 훈련입니다.

적용의 지혜

어떤 책에 보면 우리가 죽어서 천국에 가면 아주 멋진 영화를 한 편 보게 될 것인데, 그것은 자기의 일생을 영상에 담은 기록 영화라고 했습니다. 그때 자기 마음속에 품었던 생각, 아무도 몰랐던 일들이 모든 사람 앞에서 상영된다고 하면 얼마나 부끄럽겠습니까? 현재의 신앙 태도와 행동이 미래의 구원을 결정합니다.

---

② 큐티하지 않는 사람을 정죄하지 말아야 합니다

매일매일 하나님을 만나는 사람은 너무나 평온한 삶을 살기 때문에 그렇게 하지 못하는 사람을 비판하기가 쉽습니다. 특별히 교회 안에서 이런 일들이 자주 일어납니다. 그래서 큐티하는 사람들이 끼리끼리 모이기 시작하고 안 하는 사람을 뒤에서 은근히 깎아내립니다. 또 큐티는 젊은 사람들이 하기가 쉽습니다. 어른들은 오랜 세월 동안 다른 스타일로 훈련받아 왔기 때문에 갑자기 방법을 바꾸기가 어렵습니다. 그래서 젊은 사람들이 큐티 좀 한다고 장로님들을 비판하고 우리 목사는 그런 것도 모른다고 비판하기가 쉽습니다. 절대 금물입니다. 큐티하는 사람일수록 겸손해야 합니다. 그리고 자기가 큐티하는 것을 자랑해서는 안 됩니다. 하는지 안 하는지 모르게 열심히 해야 합니다. 그리고 남이 큐티 안 하는 것에 대해서 열등의식을 느끼도록 만들어서는 안 됩니다.

② 큐티 훈련이 중단되지 않도록 주의하십시오

큐티를 하다 보면 본의 아니게 거르는 수가 많고 어떤 사정으로 큐티가 중단될 수도 있습니다. 큐티가 끊어지면 과거의 쓴 뿌리들이 나타납니다. 그래서 자칫 잘못하면 성령의 민감성이 아니라 나의 과거 경험에 따라 일하기가 쉽습니다. 또한 그러다 보면 일하는 과정에서 마음의 상처가 나에게 영향을 미치고 문제가 됩니다. 그것이 꼭 나타나게 되어 있습니다. 그러므로 큐티는 중단하지 말고 꾸준히 해야 합니다. 인간은 죄인이기 때문에 틈만 있으면 안 하려고 합니다. 기회만 있으면 게을러지려고 하는 것이 인간입니다. 그러므로 꾸준히 계속할 수 있도록 기도하고 시간을 정하고 결심을 해야 합니다.

마귀는 우리의 조용한 시간이 지켜지지 않도록 온갖 술수를 다 동원합니다. 이는 매일매일의 싸움이 될 것입니다. 첫째, 실패했거나 중단했을지라도 두려워하지 말고 계속해야 합니다. 그런 의미에서 『생명의 삶』 등 큐티 가이드가 다시 시작하는 데 도움이 될 것입니다. 우리는 큐티를 못할 때 죄책감에 빠집니다. 하지만 이때 사탄이 역사하기 시작합니다. 그러니 틈을 주지 마십시오. 만일 어쩌다 하루 큐티를 하지 못했어도 꼭 실패라고 생각하지 마십시오. 성령께서 잘못을 깨우쳐 주시는 즉시 잘못을 고백하고 용서를 받으면 됩니다.

둘째, 쉬었다가 다시 시작할 때는 그동안 밀린 것을 소급해서 하려 하지 말고 그냥 넘어가기 바랍니다. 방학 때 일기가 밀렸다고 개학 직전 마지막 일주일 동안 한 달치 일기를 다 쓰는 사람이 있습니다. 큐티는 그렇게 할 필요가 없습니다. 지난달 것까지 소급해서 하려면 나중에는 완전히 지쳐서 아무것도 하지 못하게 됩니다. 그냥 새로 시작하십시오.

셋째, 큐티를 하지 못할 때 죄책감이나 좌절감에 빠지지 마십시오. 큐티를 안 한다고 신앙생활을 안 하는 것이 아닙니다. 큐티를 본의 아니게 하지 못했다고 해서 너무 자기를 정죄하거나 비판하는 율법주의적인 큐티를 해서는 안 됩니다.

넷째, 주신 말씀이 없다 할지라도 큐티를 숙제하듯이 꼭 해야 한다는 강박관념을 버리십시오. 그렇게 하지 못할 경우라면 기도로, 찬양으로 당신의 마음을 하나님께 드리면 됩니다.

적용의 지혜 🐾

영적 진리는 어느 한순간에 깨닫는 게 아니라 시간이 흐르면서 하나 둘씩 자리 잡아가는 것을 느낄 수 있습니다. 예수님에 대한 진리를 한순간에 깨달을 수 없다고 속상해 하지 마십시오.

3. 하나님의 음성이 들리지 않을 때가 있습니다

1 하나님 음성을 듣지 못하는 데는 8가지 이유가 있습니다

우리는 하나님의 음성 듣기를 힘써야 합니다. 그러나 하나님의 음성을 듣지 못하게 하는 방해꾼들이 많이 있습니다. 하나님의 음성을 듣지 못하는 이유는 크게 8가지로 요약할 수 있습니다.

① 잘못된 주파수

주파수를 정확히 맞추어야 라디오 소리가 잘 들리듯, 영적 주파수를 하나님께 맞추면 하나님의 음성이 선명하게 들립니다. 사랑의 주파수와 구원의 비밀번호가 맞으면 누구든지 하나님과 접속해 하나님의 음성을 들을 수 있습니다.

② 접속 불량

비밀번호도 맞고 주파수도 맞는데 들리지 않는 것은 접

속이 불량하기 때문입니다. 관계가 정상적으로 맺어졌다 해도 하나님이 기뻐하시지 않는 숨은 죄가 있거나 죄 가운데 있으면 하나님의 음성이 들리지 않습니다. 이기심, 욕심, 야망이 있는 사람에게는 다른 사람의 충고가 들리지 않는 것과 같습니다. 죄 가운데 있는 사람은 하나님이 아무리 말씀하셔도 듣지 못합니다.

③ 동기 불순

동기가 불순하면 하나님의 음성이 들리지 않습니다. 이기적인 동기를 가지고 있을 때, 하나님의 음성은 들리지 않습니다. 누구를 미워하거나 어떤 이익을 취하려 하거나, 야망을 성취하기 위해 교회에 나오고 사람을 이용하면 금식을 한다 해도 하나님의 음성은 들리지 않습니다.

④ 성경 지식의 부족

성경에 관한 이해와 지식이 없으면 하나님의 음성을 듣기가 어렵습니다. 성경에는 삶의 해답이 다 들어 있습니다.

성경이 우리의 질문에 답하는 방식은 "하나님, 지금 몇 시입니까?" 하고 물으면 "지금 9시 40분이다" 하는 것이 아니라 "시계를 봐라" 하는 식입니다. 우리가 인생을 살면서 묻는 질문의 해답 대부분은 성경에 있습니다. 성경에는 십계명부터, 직업 선택의 원칙, 사람 사귀는 원칙, 상처받았을 때 해결하는 방법 등이 다 있습니다. 그런데도 우리는 하나님께 음성을 들려 달라고만 합니다. 하나님의 음성을 듣기 원하면 성경을 열심히 읽으십시오.

⑤ 교만

교만은 자기를 높이는 것입니다. 자신이 하나님보다 더 높은 자리에 있는데 어떻게 하나님의 음성을 들을 수 있겠습니까? 우리 마음에 교만이 자리 잡으면 하나님의 음성을 들을 수 없습니다. 그러므로 하나님 앞에서 늘 겸손하십시오.

⑥ 불순종

어떤 사람은 자기가 하고 싶은 대로 다 정해 놓고 마지

막에 하나님을 이용합니다. 자기 속에 있는 이기심은 다 숨기고 겉으로 교양 있는 척, 신앙 좋은 척합니다. 이기심도 만족시키고 신앙적 칭찬도 받고 싶기 때문입니다. 하지만 이처럼 불순종하는 마음으로는 하나님의 음성을 제대로 들을 수 없습니다.

⑦ 자기 목소리

그리스도인의 진정한 적이 누구인지 아십니까? 그것은 사탄이 아니라 자기 자신입니다. 나 자신을 쳐서 하나님께 복종시켜야 합니다. 내가 조용히 해야 상대방 말소리를 들을 수 있듯, 내 생각을 죽이고 내 자존심과 의지를 꺾은 뒤 "주님, 어떻게 해야 할까요?" 하며 주님께 의뢰해야 합니다. 그럴 때 하나님의 음성이 들립니다.

⑧ 사탄의 방해

큐티하는 가운데 자꾸 생각이 흐트러지고 흐름이 끊기는 경우가 있습니다. 그것은 마음속에서의 싸움입니다(엡

6:12). 사실 큐티는 집중이 중요합니다. 사탄은 우리가 하나님의 음성을 듣지 못하도록 자꾸 방해를 합니다. 이 영적인 싸움에서 승리하려면 주님의 십자가와 주님 흘리신 피와 부활의 권능을 계속 생각하시기 바랍니다.

2 방해물을 제거하십시오

하나님의 음성을 잘 듣기 위해서는 먼저, 닫힌 창문을 열고 햇살을 받듯이 하나님을 받아들여야 합니다. 하나님 앞에 모든 것을 내려놓는 것입니다. 그럴 때 요동하던 마음, 불안한 마음, 우울한 마음에 하나님의 평강이 가득 차게 됩니다. 이런 평강이 있을 때 하나님의 음성이 들리기 시작합니다. 하나님을 높이고 하나님과의 관계가 회복될 때 하나님의 음성이 들리게 되는 것입니다.

하나님의 음성을 잘 듣기 위해 하나님을 받아들이려면 죄를 제거해야 합니다. 숨은 죄가 있다면 회개하고, 사탄이 유혹하면 단호하게 물리치십시오. 그리고 무슨 일을 할 때는 성경에 비추어 그 일이 타당한지 점검하십시오. 성경에는 우리가 고민하는 문제에 대한 해답과 삶에 필요한 지혜가 들어 있습니다.

상처나 교만, 쓴 뿌리가 있을 때에는 하나님의 음성이 들리지 않습니다. 그러므로 하나님의 음성을 잘 듣고 싶다면 이런 장애물들을 제거해야 합니다. 그런 다음 하나님 앞에 나아가 하나님의 뜻대로 행하시도록 우리 자신을 내어 드려야 합니다. 스스로 먼저 기도 응답을 결정하거나, 자신이 원하는 답이 안 나온다고 해서 그 답을 얻을 때까지 기도하는 고집을 부려서는 안 됩니다. 오히려 포기하고 순종하십시오.

적용의 지혜

인생의 가장 중요한 문제는 죄입니다. 세상에 살 때뿐만 아니라 죽고 나서도 그것은 심각한 문제가 됩니다. 그러므로 죄는 가장 우선적으로 해결해야 하는 문제입니다. 죄는 다른 사람도 끄집어내지 못하고 자기 자신도 꺼내지 못합니다. 그러나 하나님의 말씀이 그 죄를 비추면 죄들은 스스로 껍질을 깨고 나올 수밖에 없습니다. 말씀 앞에 죄는 여지없이 폭로되고 노출되어서 마치 봇물이 터지듯 나오게 되는 것입니다. 그리고 이 죄는 눈물

콧물 흘리면서 자신도 모르게 그 입술을 통해서 고백되기 시작합니다. 속에 감추어진 죄가 빠져나오기 전에는 아무리 은혜받고 싶어도 은혜를 받을 수 없고 하나님을 만나고 싶어도 만나지지 않습니다. 그러나 하나님의 말씀이 비추어지면 누가 지적한 것도 아닌데 빛 앞에 어두움이 물러가듯이 숨겨진 죄들이 모두 드러나게 되어 있습니다.

③ 이렇게 하면 하나님의 음성이 잘 들립니다

① 하나님을 알아야 합니다

하나님의 말씀을 들을 때는 말씀하시는 분이 어떤 분이시며, 말씀을 듣는 내가 누구인지를 분명하게 알아야 합니다. 이것을 정확하게 모르면 말씀을 오해할 수 있기 때문입니다.

먼저 성경에 나타난 하나님이 어떤 분이신지 보겠습니다.

첫째, 하나님은 '말씀하시는 분'입니다. 말씀이 있기 때문에 우리는 하나님의 실체를 알 수 있습니다. 말씀이 육신이 되었기 때문에 우리는 예수님을 알게 되었습니다. 이 말씀은 능력이며, 기적을 만들어 냅니다. 말씀은 곧 하나님

자신이고 예수님이며 성령님이십니다. 성경에 나오는 창조, 구원은 모두 말씀을 통해 이루어졌습니다. 사랑이나 공의, 진리도 모두 말씀으로 주어졌습니다. 하나님은 침묵하시지 않습니다. 하나님은 아파하는 이들의 신음을 들으시고 위로와 격려를 주십니다. 그리고 때로는 심판하십니다.

둘째, 하나님은 '삼위일체 하나님'이십니다. 하나님에 대한 바른 신관을 분명하게 가지고 있어야 합니다. 그렇지 않을 때 하나님의 말씀을 자의적으로 해석하고 더 나아가 이단으로 빠질 수 있기 때문입니다.

셋째, 하나님은 사랑이시며 공의롭고 거룩하신 분입니다. 하나님은 털끝만한 죄도 용납하지 않으십니다. 하나님은 인간의 죄 때문에 자기 아들을 십자가에 못 박아 죽이실 정도로 죄를 용납하지 않으시는 분입니다. 하나님이 싫어하시는 행동을 하면서 하나님께 가까이 갈 수는 없는 노릇입니다. 그러므로 우리는 죄를 멀리해야 합니다.

하지만 하나님의 성품 안에는 사랑과 용서도 함께 있습니다. 하나님은 죽어 마땅한 죄인, 본질상 진노의 자식이었던 부패한 인간을 사랑하셨기에 용서하셨습니다. 우리는 공의와 사랑이신 하나님의 양면성을 성경 곳곳에서 발견합니다. 하나님은 공의와 사랑을 동시에 지닌 거룩한 분이십니다. 그리고 중요한 점은, 이런 하나님이 우리에게 복 주길 원하신다는 사실입니다. 하나님은 우리가 거룩하게 되고, 복을 받기 원하십니다.

이상과 같은 하나님에 대한 바른 이해가 없으면 인간의 소리, 욕망의 소리, 사탄의 소리에 미혹되기 쉽습니다. 따라서 하나님에 대해 바르게 이해하고 있어야 합니다. 그럴 때 비로소 하나님의 음성이 정확하게 들립니다.

② 나를 알아야 합니다

첫째, 내가 구원받은 사람, 성령 받은 사람이라야 하나님의 음성을 들을 수 있습니다. 하나님은 그분께서 사랑하는 사람에게 말씀하십니다. 그러므로 기도할 때 "주님, 사랑합니다. 저는 하나님께 속한 사람입니다. 저는 참으로 성령님을 사모합니다"라고 고백하십시오.

둘째, 성숙해야 합니다. 인격이나 신앙이 미성숙하면 상대방이 한 말을 잘 알아듣지 못합니다. 믿음과 인격이 성숙하지 않은 사람은 아무리 좋은 말을 들어도 자기 수준 정도밖에는 이해하지 못합니다. 따라서 하나님 말씀을 제대로 알아들으려면 성숙한 믿음과 인격과 지성을 갖추도록 노력해야 합니다. 그럴 때 하나님의 음성이 잘 들리고, 들은 말씀을 끝까지 지킬 수 있습니다.

적용의 지혜

어떤 사람에게는 하나님이 아름다운 미모를 주셨습니다. 또 다른 사람에게는 하나님께서 독특한 재능과 명철한 두뇌를 주셨습니다. 그러나 사람들은 그것을 하나님을 위하여 봉사하는 도구로 쓰지 않고 자신의 생존 무기로, 밥벌이의 수단으로 사용합니다. 하나님이 주신 재능과 축복과 건강과 능력들을 그분의 영광을 위해 사용한다면 그 인생은 행복할 것입니다.

하루 종일 말씀을 묵상하다 보면, 어떤 결정을 하거나
선택을 할 때 그 말씀이 자꾸 떠올라 다시 한 번 더
생각하게 되었습니다. 그전 같으면 그동안의 경험이나
세상적인 방법으로 처리할 일도 말씀 때문에
다시 한 번 생각하고 돌이키게 되었습니다.

큐티 경험담
(어느 성도님의 간증)

QUIET TIME

제6장

큐티 경험담
(어느 성도님의 간증)

큐티를 처음 해보니까 결코 쉬운 게 아니었습니다. 처음에 목사님께서 한 5분 말씀 읽고, 또 한 5분 묵상한 다음, 적용하고 결단한 내용을 노트에 적으면 된다고 하셨습니다. 그렇게 조금씩 큐티하는 시간을 늘리다 보면 나중에는 30분씩, 1시간씩 큐티를 하게 된다고 하셨습니다. 그런데 실제적으로 큐티를 시작하려고 성경을 펴니까 눈앞이 캄캄했습니다. 읽는 것까지는 그렇다 쳐도 그것을 묵상하고 적용한 것을 적는 일은 쉽지 않았습니다.

그 당시에는 큐티란 말도 생소했는데, 처음에 큐티라는

말을 들었을 때, '아, 큐티라고 하는 것은 서양 사람들이 새벽기도를 안 하니까 새벽기도 대신 혼자서 말씀을 읽고 묵상하는 것이구나'라고 생각했습니다. 그래서 아침에 일어나서 15분이고 20분이고 혼자 말씀 보고 기도하면 그것이 큐티겠거니 하고 생각했습니다. 하지만 막상 교회에서 가르쳐주는 대로 큐티를 시작해 보니까 큐티가 단순히 새벽기도나 묵상기도와는 전혀 다르다는 것을 알게 되었습니다.

그때부터 지금까지 『생명의 삶』으로 큐티를 하고 있는데, 아침에 일어나서 눈을 뜨자마자 상단에 있는 찬송을 부르고, 잠시 기도한 후 해당되는 날의 성경 본문을 읽습니다. 읽고 난 후에는 그날의 말씀을 가지고 묵상을 하는데, 잘 알던 말씀이 나오면 딴 생각이 들기 시작하고 별다른 은혜가 되지 않았습니다. 그러나 이것을 한 번, 두 번 읽다 보면 처음에는 평범했던 말씀들이 서서히 와 닿기 시작했습니다.

사도행전을 보면 여러 가지 사건들이 많이 나오는데 오늘날 우리가 교회에서 겪는 평범한 것들도 아주 많습니다. 그냥 봐서는 옛날 초대교회 제자들이 겪었던 하나의 역사적 기록 같으나 말씀을 한 구절 한 구절 읽다 보면 그 당시 환경과 제자들이 가졌던 생각이나 믿음들이 제 삶에 다가와 부딪히는 것을 느낄 수 있었습니다. '지금 이 순간 나는 어떻게 해야 하는가', '오늘을 어떻게 살아가야 하는가' 하는 도전을 받았습니다. 그래서 처음에는 20분하기도 힘들었는데 점점 시간이 길어졌습니다. 나중에는 30분, 1시간을 해도 모자라서 어떤 때는 2시간이 걸리기도 했습니다. 자연히 아침 기상 시간이 조금씩 빨라지기 시작했습니다.

물론 그전에도 성경은 꾸준히 읽어 왔습니다. 저는 모태신앙인으로서 어머님 뱃속에서부터 교회에 나갔는데 어려서부터 신앙생활을 했기 때문에 신구약 성경을 여러 번 봤습니다. 1년에 한 번씩 신구약을 통독했는데, 그러기 위해서는 하루에 3장씩 읽어야 했습니다. 그러나 그렇게 읽는 성경은 눈으로만 보는 하나의 스토리에 불과했습니다. 물론 어떤 때는 저한테 도전이 되는 말씀도 있고 감격스러운 말씀도 있었지만 한 구절 한 구절 살아서 저한테 와 닿지는 않았습니다. 하지만 큐티를 하고 나서부터는 아침에 큐티한 그 말씀이 하루 종일 머리에서 떠나지 않았습니다. 아무리 바쁘더라도 말입니다.

큐티 분량은 대략 성경 반 장 정도였습니다. 1장을 이틀에 걸쳐서 하도록 교재가 되어 있는데, 대개 반 장의 사건은 그렇게 큰 사건도 아니고, 어떤 것은 지극히 평범한 이야기였습니다. 그러나 그 말씀을 통해서 제가 받는 도전은 매일매일 제 뇌리를 떠나지 않았습니다. 하루 종일 말씀을 묵상하다 보면, 어떤 결정을 하거나 선택을 할 때 그 말씀이 자꾸 떠올라 다시 한 번 더 생각하게 되었습니다. 그전 같으면 그동안의 경험이나 세상적인 방법으로 처리할 일도 말씀 때문에 다시 한 번 생각하고 돌이키게 되었습니다.

그러나 큐티를 하면서 반드시 유의해야 할 점도 있습니다. 말씀을 음미하고 묵상하는 데 치중하다 보면 오히려 기도하는 시간이 줄어들 수 있기 때문입니다. 저 같은 경우 아침에 큐티를 하다 보니 출근 준비하는 데 바빠서 기도를 금방 마치거나 빼먹게 되고, 저녁에도 야근이나 다른 약속으로 기도하는 시간이 점점 줄어들게 되었습니다. 이래서는 안 되겠다 싶어 묵상하는 시간과 기도하는 시간을 균형적으로 조정하게 되었는데, 큐티를 시작하고 3개월이 지났을 무렵이었습니다.

많은 분들이 큐티를 하면서 숙제하듯 의무적으로 하는 경우가 있습니다. 말씀이 마음에 닿아서 도전을 받아도 하나님 앞에 나아가 기도하며 하나님과 만나는 시간이 없으면 오히려 안 하는 것만 못합니다. 큐티는 결코 부담감을 가지고 숙제같이 해서는 안 됩니다. 출장을 간다든지 어떤 사정이 있어 하루 못 하는 날이 있으면, 그 다음 날 이틀 분 사흘 분을 하는 분들이 있는데 그렇게 하다 보면, 은혜도 안 되고 기도도 안 됩니다. 그 전날 사정이 있어 못했으면 그 다음날 아침에 일어나서는 그날의 큐티를 하면 됩니다. 그리고 어떤 말씀에서 도전을 받고 그것을 하나님께 아뢰면 하나님께서 특별한 은혜를 주십니다. 우리는 다만 그 은혜를 누리면 됩니다. 하루를 살아가면서 생각날 때마다 묵상하고 삶의 요소요소에서 실천해 가면 됩니다. 그래서 저는 큐티할 때, 큐티 노트를 반으로 접습니다. 그래서 왼쪽에는 그날 성경구절 중에서 읽다가 나에게 와 닿는 말씀을 적고, 오른쪽에는 제가 그 말씀에 대해서 받은 느낌이나 도전 혹은 하나님께 대한 약속을 적습니다. 그렇게 기록하다 보면 하나님과의 관계가 깊어지고 큐티하는 시간이 기대되고 저로 모르게 행복해지는 것을 느끼곤 합니다.

적용의 지혜

하나님을 만난 사람들에게는 모두 신을 벗는 과정이 필요합니다. 하나님을 향해 뛰어가려면 과거와 단절해야 합니다. 배가 출발하려면 밧줄을 풀어야 하는 것과 같습니다. 밧줄을 묶어 놓고는 아무리 엔진을 돌려도 배는 나가지 않습니다. 내 믿음은 언제나 다람쥐 쳇바퀴 돌 듯 제자리만 빙빙 도는 것입니다. 세월이 지나갔지만 변화가 없습니다. 결국 하나님을, 나를 변화시킬 수 없는 무능한 분으로 만들어 버립니다. 과거와 단절하지 않으면 변화의 과정은 시작되지 않습니다.

'하루를 어떻게 시작할까?' 라는 질문 앞에
오직 한 가지 대답이 있습니다.
그것은 하나님과 함께 시작하는 것입니다.
이 세상에서 가장 안전하고 옳은 길은
하나님과 함께 동행하는 길입니다.

부록

목회자와 큐티 지도자를 위한
200분 강의안

QUIET TIME

강의 내용

※「목회자와 큐티 지도자를 위한 200분 강의안」은 실질적인 큐티 강의 순서에 맞춰 재구성하였습니다. 「큐티하면 행복해집니다」의 차례 대로 구성되어 있지 않으니 착오 없으시길 바랍니다.

1강	40분	준비	'나만의 한적한 곳'으로 가십시오
2강	40분	말씀 읽기	'와 닿는 말씀'을 찾으십시오
3강	40분	묵상	'주신 말씀'을 기억(묵상)하십시오
4강	40분	적용과 순종	'내 뜻을 내려놓고' 주님의 뜻으로 기도하십시오
5강	40분	기록과 나눔	'영혼의 일기'를 쓰십시오

강의 들어가기 전 Key 5

Key 1 ㅣ 큐티란 자기 스스로 양식을 먹는 훈련입니다.

- 큐티란 하루에 약 30분 정도 하나님 말씀을 묵상하는 프로그램입니다.
- 큐티란 하루 생활 중 얼마를 성경 읽기와 기도로 보내는 시간을 말합니다.

Key 2 ㅣ 역사 속 큐티의 이야기: 영국 캠브리지 대학에서 처음 시작되었습니다.

- 자신이 큐티를 시작하게 된 계기를 이야기 해 주십시오.

Key 3 ㅣ 큐티는 어떤 훈련입니까?

- 큐티란 '한적한 곳'으로 가는 훈련입니다.

- 큐티란 '마음에 와 닿는 살아 있는 말씀'을 찾아내는 훈련입니다.
- 큐티란 '주신 말씀을 기억하는 훈련'입니다.
- 큐티란 '나의 뜻을 내려놓고 말씀대로 기도하는' 훈련입니다.
- 큐티란 '영혼의 일기'를 쓰는 훈련입니다.

Key 4 큐티란 하나님과 비밀을 털어놓는 사이가 되는 것입니다.

하나님과 친한 사람은 하나님의 음성도 듣고 그분의 비밀도 알게 되며 자신의 비밀도 하나님께 알려 드릴 수 있습니다.

Key 5 하루를 어떻게 시작할까요?

'하루를 어떻게 시작할까?'라는 질문 앞에 오직 한 가지 대답이 있습니다. 그것은 하나님과 함께 시작하는 것입니다. 이 세상에서 가장 안전하고 옳은 길은 하나님과 함께 동행하는 길입니다. 하나님께서 가시는 길로만 따라가면 틀림이 없습니다. 비록 길을 잃어버렸을지라도 하나님만 따라가면 가장 안전한 곳으로 가게 될 것입니다. 사람의 생각은 끝이 있고 연약하지만 하나님의 생각은 끝이 없고 오히려 새 힘이 솟아오릅니다. 나의 눈을 전심으로 예수님께 향하고 뛰고 춤추며 찬양합시다. 그러면 기적은 바로 나의 것이 될 것입니다.

제1강 | 준비

나만의 '한적한 곳'으로 가십시오

복잡한 대인 관계 속에서 바쁘게 사는 일보다 하나님과 깊은 교제를 갖지 못하는 것이 더 큰 문제입니다. 밤이든 새벽이든 조용히 홀로 하나님과 대면해야 합니다. 한편, 진정한 내면의 소리를 듣기 위해서는 더러운 것들을 청소해야 하며 부서진 것들을 보수해야 합니다. 아무리 기도한들 죄가 있으면 무용지물에 불과하기 때문입니다. 말씀을 통해서만이 하나님의 음성을 들을 수 있습니다. 말씀이 없으면 나의 소리가 들리게 되고 그것이 또 하나님의 소리처럼 위장해서 들리게도 됩니다.

1. '한적한 곳'으로 가십시오

"새벽 오히려 미명에 예수께서 일어나 나가 한적
한 곳으로 가사 거기서 기도하시더니"(막 1:35).

• 제자들과 늘 함께 계시던 예수님이시지만 한적한 곳
  에서 아침 일찍 홀로 자신만의 시간을 보내셨습니다.

※ 큐티할 수 있는 유일한 비결은 우선순위를 결정하는 것입니다. 그러면
  큐티가 쉬워집니다. 이른 새벽에 하는 것이 좋지만 각자 일정한 시간을
  정하는 것이 중요합니다.

• 큐티는 한적한 곳으로 가야만 시작됩니다.

※ 사탄은 성도를 타락시키기 전에 말씀을 들을 수 있는 장소를 먼저 공격
  하기도 합니다. 당신의 한적한 장소, 사무실, 지하철, 부엌, 산책길 등의
  자기만의 장소를 찾으십시오.

- 여기서 한적한 곳이란 물리적으로 소음에서부터 분리 된 곳이라기보다는 주변의 상황과 상관없이 자기만의 시간을 가질 수 있는 곳을 말합니다.

※ 큐티는 내가 하나님과 일대일로 만나는 것입니다. 그래서 혼자 하는 것을 강조하고 싶습니다.

☞ 당신이 가질 수 있는 '한적한 곳'은 어디입니까?

적용의 지혜 떠나는 것이 믿음의 시작입니다. '떠나라', '가라', 이것이 믿음의 전부입니다. 믿음의 시작은 떠나는 것이고, 믿음의 완성은 하나님께서 지시하신 땅으로 가는 것입니다. 우리의 문제는 떠나지 않은 자리에서 시작하려는 데 있습니다.

사람들이 하나님의 말씀대로 살면 사탄은 패배합니다.

그렇기 때문에 사탄은 하나님의 말씀을 듣지 못하게 하고, 말씀대로 살지 않도록 사람들을 유혹하며 의심하게 합니다. 당신이 성경을 읽기 시작하고 큐티를 시작할 때 당신 주위를 맴돌던 사탄은 떠나가게 될 것입니다. 큐티하십시오. 말씀을 공부하십시오. 성경을 외우십시오.

2. 왜 '한적한 곳'으로 가야 할까요?

- 나를 향한 하나님의 계획과 인도하심을 알기 위해서입니다.
- 하나님이 원하시는 길을 걸어가는 데 필요한 지혜와 힘을 공급받기 위해서입니다.
- 내 모습 속에 내가 알지 못하던 버릇, 주로 자기의 문제(죄, 행위, 내면의 모습 등)를 발견하고 말씀으로 도전받기 위해서입니다.

적용의 지혜 인간의 마음속에는 안개처럼 죄가 피어오릅니다. 가만히 있으면 악한 생각을 하게 됩니다. 인간은 선하지 않습니다. 본질적으로 죄인입니다. 그 마음이 심히 부패해 있습니다. 죄를 짓지 않으려고 애쓰지만 계속해서 죄를 지을 수밖에 없는 존재입니다. 그래서 누구에게나 예수 그리스도가 필요합니다.

3. '한적한 곳'으로 가기 전에 무엇을 준비해야 할까요?

1 건강한 시간 관리가 필요합니다

• 아무리 바쁜 사람이라 할지라도 하나님과 대면할 시간이 없다는 것은 그 사람의 시간 관리에 문제가 있는 것입니다.

_____

_____

 ※ 조용한 시간(묵상)의 근본적인 목적은 하나님과의 교제입니다. 하나님께서는 인간들보다 훨씬 더 이를 원하고 계십니다.

• 시간 관리에 성공하는 자가 자신의 영혼 관리도 성공

합니다. 시간 관리의 차원에서 자신을 돌아보아야 합니다. 하루 24시간을 시간의 청지기로서 잘 감당하는 자가 큐티를 잘 할 수 있습니다.

※ 하나님을 깊이 만나는 시간만큼 일할 수 있습니다. 그 시간이 없는 사람들은 일 못합니다. 하나님과의 깊은 영적인 교제, 그 은혜 속에 깊이 잠겼을 때만이 하나님의 능력의 사람이 될 수 있습니다.

적용의 지혜 유대인들은 일반적으로 오전 9시, 오후 3시, 그리고 해질 무렵 등 하루에 세 번씩 기도하면서 하루 종일 하나님을 생각했습니다. 아침에 기도하는 것은 쉽습니다. 저녁에 모든 일을 마치고 기도할 수도 있습니다. 그러나 일하는 도중인 오후 3시에 기도하는 일은 쉽지 않습니다. 오후 3시에 기도했다는 것은 그들의 생각 속에는 날마다 하나님이 있었다는 것을 보여 줍니다. 하나님을 정말 사랑하게 되면 하루 종일 하나님이 그 사람의 마음속에 있다는 말입니다. 베드로와 요한은 오후 3시쯤 기도하기 위하여 성전에 올라갔다고 합니다(행 3:1). 구약에도 이렇게 시간을 정해 놓고 기도한 사람이 있었습니다. 다니엘입니다. 그는 하루에 세 번씩 시간을 정해 놓고 하나님 앞에서 기도를 하는 약속을 지켰습니다. 시간을 정해 놓고 정기적으로 하나님을 만난다면 그 사람은 하나님의 사람임에 틀림없습니다. 그러나 불규칙하게 하나님을 생각한다면 그 사람은 하나님의 사람일지 아닐지 확신하기 어려울 것입니다.

☞ 하루 중 하나님과 가장 깊이 만날 수 있는 당신만의
시간대는 언제입니까?

_____

_____

적용의 지혜 새벽 기도의 유익은 무엇입니까?

① 새벽은 하루 중 가장 선선하고 좋은 시간입니다. 보통 낮보
다 맑고 깨끗하고 집중이 잘 되는 시간이기 때문입니다.

② 새벽에 일찍 일어나면 건강해질 뿐 아니라 비교적 죄를 짓지
않게 됩니다. 밤 문화는 죄의 문화와 직결되지만, 새벽에 일
찍 일어나서 생활하는 사람치고 병들거나 약한 사람은 거의
없다는 사실을 기억하십시오.

③ 황금 같은 아침 시간을 최소한 3–4시간을 확보하게 됩니다.
하루 종일 세상에 나가서 어떤 일을 하더라도 아무 문제가
없습니다. 준비할 시간이 있기 때문입니다. 이 얼마나 놀라운
축복입니까?

④ 새벽 기도를 하면 하나님의 응답과 기적들이 나타납니다. 만
일 우리가 매일 새벽 4시에 일어나 하나님을 찬양하고 그분
의 말씀에 귀를 기울이고 모든 사정을 아뢰며 하루를 시작한
다면 절대 실패할 수 없습니다.

Tips 〈행복한 시간 관리자가 되려면〉

1. '시간의 청지기 의식'을 가지십시오
   우리에게 허락된 시간은 하나님의 영원한 계획의 일부입니다. 그래서 시간은 거룩하며 낭비해서는 안 된다는 것입니다.

2. 하루를 말씀과 함께 시작하십시오
   우리는 다른 어떤 것보다 하나님의 뜻을 행할 소원을 갖게 해 달라고 성령님께 간구함으로써 하루를 시작해야 합니다.

3. 쓸데없는 데 시간을 낭비하지 마십시오
   지나치게 관심을 갖는 것들이 있다면 시간 낭비를 하게 되고 기도하고 큐티하는 시간을 갖지 못하게 됩니다.

4. 뜻을 정했다면 선택하십시오
   '때가 악하니 세월을 아끼라'는 말씀이 있습니다. 만일 당신이 예수 그리스도를 믿고 복음을 체험했다면 더 이상 주저할 수 없습니다. 시간은 기회입니다. 지금은 주저할 시간이 아니라 선택할 시간입니다.

적용의 지혜 언제 어떻게 죽어야 할지 깨닫는 사람이 되어야 합니다. 주님을 위해 얼마나 더 일할 수 있다고 생각하십니까? 지금이 우리의 삶을 계수해야 할 때입니다. 잘 살면 칠십이고 건강하면 팔십이라는 모세의 기도가 있습니다. 지난간 세월을 보면 유수와 같지 않습니까? 일할 시간이 많지 않습니다. 주님이 우리를 부르실 날이 그렇게 멀지 않았습니다. 성령님의 도우심으로 자기의 삶을 읽을 수 있게 되기를 바랍니다. 자신의 삶을 지금 결정하십시오. 방황하지 마십시오. 삶의 여로에 빠져서 시간을 지체하지 마십시오.

2 계명을 지키려는 마음(영적 소원)이 필요합니다

- "나의 계명을 가지고 지키는 자라야 나를 사랑하는 자니 나를 사랑하는 자는 내 아버지께 사랑을 받을 것이요 나도 그를 사랑하여 그에게 나를 나타내리라" (요 14:21).

※ 우리 한국 교회 성도들이 정말 하나님의 말씀을 묵상하고, 하나님의 음성을 듣는 그리스도인의 삶을 산다면 한국 교회가 이렇게 혼돈스럽지는 않았을 것입니다.

- 주님과 영적인 교제를 나누는 사람은 주의 계명을 가지고 지키는 자입니다. '주님의 계명'을 가진다는 것은 '마음속'에 품은 그 말씀을 '행동으로 실천하는

것'을 말합니다.

※ 우리가 큐티를 할 때 성령님께서 우리들 각자에게 주시는 말씀이 있습니다. 성령님께서 그 말씀이 우리 마음에 와 닿도록 역사하시는 것입니다.

- 입으로만 말씀을 외치는 것이 아니라 행동 가능한 것으로 세밀하게 계획을 세워 그것을 행동에 옮길 수 있어야 합니다.

※ 적용 없는 큐티는 열매 없는 나무와 같다고 표현할 수 있습니다. 매일매일 생활에 하나님의 말씀을 적용하는 것처럼 중요한 것이 없습니다. 당신의 성격에 적용하십시오. 오늘 하루의 삶에 적용하십시오. 인간관계에 적용하십시오. 내 삶의 목표에 적용하십시오.

③ 지속적으로 하겠다는 결정이 필요합니다

밥을 정기적으로 날마다 먹듯이 큐티는 정기적으로 날마다 하는 것이 중요합니다.

[지속적인 큐티를 위한 제안]

- 실패했을지라도 계속해야 합니다. 그런 의미에서 『생명의 삶』을 정기 구독하는 것이 효과적입니다.
- 큐티를 하다가 쉬었다 할지라도 두려워하지 말고 다시 시작해야 합니다.
- 큐티를 하지 못할 때 좌절감에 빠지지 말아야 합니다. 큐티를 안 한다고 해서 신앙생활을 안 하는 것이 아닙니다.
- 은혜 받은 말씀이 없다 할지라도 큐티를 숙제하듯이 꼭 해야 한다는 강박관념을 버리십시오. 그렇게 하지 못할 경우라면, 기도나 찬양으로 당신의 마음을 하나님께 드리십시오.
- '스스로', '혼자' 할 수 있을 때까지 나눔의 현장이 필요합니다. 그러나 나눔의 시간을 가질 때는 주의해야 할 점들이 있습니다. 큐티를 지속적으로 하기 위해서는 서로의 비밀을 지켜 주어야 하며, 한두 사람이 독점하지 말고, 서로 진실한 나눔이 되도록 해야 합니다.

4 기록을 위한 노트가 필요합니다

* 묵상을 통해 마음에 떠오르는 감동, 내 삶에 적용할
  부분, 결단 등을 기록할 수 있어야 합니다.

  _____

  _____

  ※ 적용하지 않는 큐티는 진정한 큐티라고 할 수 없습니다. 내 삶에 변화를
     만드는, 진정으로 내 삶의 변화를 유도하는 그런 적용까지 이르는 것이
     큐티이기 때문입니다.

* 기도를 글로 표현할 수 있습니다. 개인적인 청원의
  기도뿐 아니라 오늘의 말씀을 묵상하면서 드리는 나
  의 고백적 기도(사랑의 고백, 죄의 고백 등), 내가 붙잡아
  야 할 말씀을 적으며 기도할 수 있습니다.

  _____

  _____

  ※ 묵상하고 적용된 말씀은 그냥 느끼는 것이 아니라 노트나 큐티 책의 여
     백 등에 적어 두는 것이 좋습니다. 글을 쓰면 생각이 정리됩니다. 그리고
     그 말씀을 그냥 흘려버리지 않고 자신 안에 가두어 두는 데 유익합니다.

5 '나눔' 친구들이 필요합니다

• 내가 깨달은 말씀과 순종한 삶을 가족과 이웃에게 나
  누는 것이 유익합니다.

_____

_____

※ '스스로' '혼자' 할 수 있을 때까지 나눔의 현장이 필요합니다. 혼자 해
  나갈 수 있더라도 큐티한 것, 즉 내가 깨달은 말씀과 순종한 삶을 함께
  나눌 수 있는 소그룹이 있다면 당신은 더욱 풍성한 은혜를 누릴 수 있을
  것입니다.

• 나눌 때 본문에 나타난 사건을 전달하는 것이 아니라
  각자 적용한 것을 나누어야 합니다. 즉, 남의 이야기가
  아니라 내가 개인적으로 큐티한 것을 나누어야 합니다.

_____

_____

※ 나눔의 시간을 가질 때는 주의해야 할 점들이 있습니다. 큐티를 지속적으
  로 하기 위해서는 서로의 비밀을 지켜 주어야 하며, 한두 사람이 독점하
  지 말고, 서로 진실한 나눔이 되도록 해야 합니다.

• 나눌 때 '잘 했다, 잘못 했다'는 마음을 가져서는 안

됩니다. 즉, 자아비판식의 이야기는 좋지 않습니다.

※ 큐티하면서 받은 말씀대로 먼저 자신의 삶이 변하는 것이 나눔입니다.

- 새롭게 깨달은 것과 변화된 삶의 부분을 우선적으로 말해야 합니다. 시간적으로 최근의 것을 중심으로 말입니다.

※ 큐티를 하다 보면 율법주의에 빠지기 쉽습니다. 다른 사람이 큐티하지 않을 때, 그 큐티하지 않는 것을 정죄하는 마음을 갖기 쉽습니다. 이런 교만을 경계해야 합니다. 또 자신이 큐티하지 못할 때, 좌절감에 빠지기 쉽습니다. 큐티를 안 한다고 해서, 신앙생활 안하는 것은 아닙니다. 이런 위험성에 빠지지 않게 되기를 바랍니다.

- 사람들 앞에 말하는 것이 아니라 하나님 앞에 고백한다는 생각으로 진실하고 거룩한 자세로 나누어야 합니다.

※ 나눔의 제1단계는 큐티하는 마음으로 하루를 사는 것입니다. 나에게 주신 말씀을 일상생활을 하면서도 계속 떠올리며 하루를 사는 것을 의미합니다.

• '일주일 동안 지내면서 하나님께서 나에게 어떻게 역사하셨는가?'와 같은 것들을 나누면 소그룹 모임은 살아나기 시작합니다.

※ 요즘은 블로그나 미니홈피를 이용할 수도 있습니다. 그리고 많은 사람들이 들어와서 당신이 나눈 큐티를 발견할 수 있게 되면, 생각지도 못했던 많은 사람들이, 당신이 받은 그 은혜를 가지고 또 한 번 새로운 승리를 경험하는 그런 축복을 갖게 될 것입니다.

적용의 지혜 신앙생활을 할 때는 사람들과 만나야 합니다. 부대껴야 합니다. 싫은 일, 좋은 일, 이런저런 일들을 다 소화할 수 있어야 합니다. 미워하고 속상해 하며 한편으론 사랑하기도 하는 이런 일련의 과정을 통해서 더럽고 악한 감정은 사라지고, 순수한 하나님의 감정이 우리 안에 들어오게 되는 것입니다. 설교는 우리의 신앙을 뒤에서 밀어 주는 함포 사격 같은 것입니다. 각개전투는 구역 모임이나 일대일에서 하는 것입니다. 성도들과 삶을 구체적으로 나누어야 합니다.

제2강 | 말씀 읽기

'와 닿는 말씀'을 찾으십시오

1. 금생과 내생의 약속을 위한 연습

- 우리가 매일의 삶 속에서 '심령에 와 닿는 말씀을 찾
  아내는 작업'은 금생과 내생에 분명한 약속이 있는
  연습입니다.

_____

_____

※ 저는 에베소에서의 바울의 두란노서원 운동 때문에 얼마나 큰 자극과 영
감을 받았는지 모릅니다. 말씀을 읽으며 '이 일을 하나님이 하라고 나를
불러 주셨다'는 생각이 들었습니다.

"망령되고 허탄한 신화를 버리고 오직 경건에 이
르기를 연습하라 육체의 연습은 약간의 유익이 있
으나 경건은 범사에 유익하니 금생과 내생에 약속
이 있느니라"(딤전 4:7-8).

- 우리가 이미 주신 66권의 말씀 가운데 '나에게 주신
  말씀을 찾는 것'은 주 예수 그리스도를 아는 일에서
  장성한 분량에 이르는 훈련입니다.

※ 큐티란 그날 그날 우리에게 주시는 보석과 같은 말씀을 찾아내는 시간입
니다. 제가 외국에 가보니 철야 기도도 없고 새벽 기도도 없고 저녁예배
도 별로 없는데 그들은 우리보다 더 쉽게 예수를 잘 믿고 더 정확하고
깊게 믿고 있었습니다. 그 비결은 큐티라고 생각합니다. 그들은 성경을
의지하는 신앙, 예수님을 의지하는 신앙으로 자기의 신앙 체제를 가꿔 나
갑니다.

"우리가 다 하나님의 아들을 믿는 것과 아는 일에
하나가 되어 온전한 사람을 이루어 그리스도의 장

성한 분량이 충만한 데까지 이르리니"(엡 4:13).

• 마음에 없는 입술의 고백만을 일삼는 사람들은 천국
  에 들어갈 수 없습니다. 하나님의 뜻대로 행하는 자만
  이 하늘나라에 들어갈 수 있음을 기억하십시오. 그러
  면 어떻게 아버지의 뜻대로 행할 수 있습니까? 먼저
  각자의 삶에 주시는 하나님의 뜻을 알아야 합니다.

_____

_____

※ 말씀 속에는 하나님의 생각이 있습니다. 큐티할 때 하나님의 생각을 깨달
  을 수 있고 그분의 길을 찾을 수 있습니다.

"나더러 주여 주여 하는 자마다 천국에 다 들어갈
것이 아니요 다만 하늘에 계신 내 아버지의 뜻대로
행하는 자라야 들어가리라"(마 7:21).

적용의 지혜 그리스도인의 삶은 나약한 감상주의의 삶이나 영웅적
인 인간애의 삶이 아닙니다. 영원한 천국을 바라보는

동시에 이 세상의 심판을 바라보는 삶입니다. 현대인들이 외면하고 있는 것 중 하나는 심판입니다. 심판을 믿고 싶지 않은 것입니다. 많은 사람들이 지옥이 있다는 사실을 의심합니다. 사람들이 왜 죄를 짓습니까? 심판이 얼마나 무서운지를 느끼지 못하기 때문입니다.

2. 와 닿은 말씀 찾기

큐티란 자신의 마음에 와 닿는 특별한 말씀을 찾아내는 작업입니다. 성령님이 각자에게 주시는 말씀이 있습니다. 우리가 큐티할 때 성령님께서는 그 말씀이 우리 마음에 와 닿도록 역사하십니다. 각자에게 주시는 말씀을 내 눈이 포착하게 하여 와 닿도록 역사하시는 것입니다.

내 마음에 말씀이 와 닿았다는 것은 영적으로 매우 중요한 의미를 지닙니다. 성령님은 우리 각 개인들이 무엇을 행해야 할 것인가에 대해 먼저 어떤 특정한 말씀에 마음을 움직이심으로 그 일을 행하시기 때문입니다. 또한 그것은 나를 천국 백성으로서 만드시기 위한 그분의 계획을 확인하는 과정입니다.

1 본문을 이해하십시오

• 마음에 말씀이 와 닿지 않는다는 것은 큐티하는 본문
  의 내용을 이해하지 못했다는 증거입니다.

※ 큐티란 본문에서 나에게 무엇을 말씀하시려고 하는지를 자세히 살펴보는
  작업입니다. 내 마음에 말씀이 와 닿았다는 것은 영적으로 매우 중요한
  의미를 지닙니다.

• 본문을 다시 읽고, 그래도 이해가 잘 되지 않으면 성
  경사전과 주석 등의 도움을 받아 주어진 본문을 제대
  로 이해하는 것이 우선되어야 합니다.

※ 큐티 가이드인 『생명의 삶』의 인도를 받는 것이 가장 현명한 방법 중 하
  나가 될 거라고 생각합니다.

- 본문의 위치와 그 구절들이 나타내려는 뜻을 확실하게 알고 있어야 합니다.

※ 이 본문이 어디쯤 와 있는지에 대해서 생각하면서 읽어야 합니다.

- 본문을 3-4회 읽으며 본문의 정확한 의미를 파악합니다.

※ 주어진 본문을 3번 정도 반복해서 읽을 때, 하나님은 당신에게 말씀하게 될 것입니다. 첫 번째는 이해를 위하여 읽습니다. 두 번째는 통찰력을 위해서 읽습니다. 세 번째는 적용을 위해서 읽는 것입니다.

- 천천히 읽어야 합니다. 생각하면서 읽는 것 같지만 실상 내용을 잘 모르고 있는 경우가 많습니다. 왜냐하면 눈으로만 보기 때문입니다. 즉, 모르는 구절이나 단어가 나와도 무엇을 나타내는지 모르면서 읽는 것입니다.

▶ 본문 전체의 중심 내용을 파악하고 읽어야 합니다. 이 본문이 어디쯤 와 있는지 생각해야 합니다.

▶ 본문의 주인공들이 있다면 자신에게 와 닿은 사람의 심정을 이해하면서 읽으십시오.

2 사전을 찾아보십시오

• 본문에서 이해가 안 되거나 모르는 단어나 구절이 없는지 찾아보십시오. 만약 있다면 사전을 보고 이해해야 합니다.

※ 말씀을 한 단어씩, 또는 한 소절 씩, 또는 한 문장씩 읽으면서 할 수 있습니다.

- 알지 못하는 단어와 구절들을 적당히 넘겨짚는 습성은 큐티할 때 가장 나쁜 습관입니다. 큐티란 '말씀의 뜻'을 발견하여 '성경의 말씀'과 '나의 삶'이 접목되는 과정이기 때문입니다.

※ 하나님의 말씀은 당신 안에 들어올 것이며, 그 하나님의 말씀은 곧 하나님의 임재와 능력으로 변할 것입니다.

3 겸손한 마음을 가지십시오

- 주님의 말씀이 내 마음에 와 닿게 하기 위해서는 나의 생각을 내려놓고 주님을 사모하는 마음으로 나아가야 합니다.

※ 하늘에서는 주 외에 누가 내게 있으리요 땅에서는 주밖에 내가 사모할 자 없나이다(시 73:25).

- '준비 기도'와 '찬양'은 말씀을 찾기 전에 거쳐야만 하는 중요한 과정입니다.

※ 찬양을 드리며 마음의 문을 활짝 여는 것이 필요합니다.

- 말씀 앞에서 "나는 작은 아이"(왕상 3:7)라고 생각해야 합니다. 세상적으로 아무리 높고 나이가 많다 해도, 심지어 왕이라 할지라도 하나님 앞에서 우리는 작은 아이라는 마음을 가져야 합니다.

※ '내 인생의 열쇠는 하나님 당신께 있습니다'라고 고백해야 합니다.

- 말씀을 받을 때에 하나님이 기뻐하시는 자세가 중요합니다. 비록 하나님께서 눈에 보이지 않는다 해도 그분이 옆에 계신 것처럼 그분이 기뻐하시는 자세를

갖추는 것이 중요합니다. 기댄다든지, 다리를 꼰다든지 하는 흐트러진 자세가 아니라 바른 자세, 간절한 자세를 갖추어야 합니다.

※ 무릎을 꿇고 앉는 것이 졸립게 한다면 자세를 고치십시오. 아브라함은 서서 기도했습니다(창 19:27).

4 준비된 자가 하나님을 만납니다

- 항상 기도하던 고넬료는 환상을 보았습니다(행 10:2-3).

※ 매일 조금씩 기도하면서 성경을 읽고, 사물을 관찰하십시오. 그러면 우연이 아닌, 감정이나 느낌이 아닌 하나님의 놀라운 섭리를 알게 됩니다. 하나님의 세미한 음성까지도 들을 수 있는 영적인 귀가 열립니다.

- 항상 기도하는 자가 말씀을 통해 하나님의 음성을 듣습니다.

_____

_____

※ 우리에게 말씀이 없고 기도하지 않으면 그것이 하나님으로부터 온 것인
지, 아니면 사탄으로부터 온 것인지 구분하기가 어렵습니다.

5 내게 주시는 말씀을 검토하십시오

- 나를 향한 하나님의 계획과 인도하심의 내용이 있는
  지 검토하십시오.

_____

_____

※ 아브라함의 경우도 마찬가지이며, 이삭의 경우도 마찬가지겠지만, 야곱
의 경우를 보면 정말 하나님께서 필요한 때마다 나타나셔서 말씀해 주
시고, 위로해 주시고, 격려해 주시는 것을 확인할 수 있습니다. 지금도
성령님께서는 우리에게 말씀해 주십니다. 무엇을 통해서입니까? 말씀을
통해서 우리에게 권면해 주십니다.

- 하나님이 원하시는 길을 걸어가는 데 필요한 지혜와
  힘을 주는 말씀은 없는지 검토하십시오.

_____

※ 사람의 생각은 끝이 있고 연약하지만 하나님의 생각은 끝이 없고 오히려 새 힘이 솟아오르게 합니다.

• 자신의 문제(죄, 행위, 내면의 모습 등)에 대해 말씀하시는 것은 없는지 검토하십시오.

※ '내 마음이 어디로 밀려가고 있는가?'를 잘 살펴보아야 합니다. 올바른 큐티란 사람들의 궤사, 간사한 유혹에 빠져 세상 교훈과 풍조에 밀려가는 마음을 멈추는 것입니다.

• 말씀 읽기를 통해 하나님이 누구신지 깨달아진 구절을 가지고 묵상하십시오.

※ 큐티에서는 묵상이 아주 생명처럼 중요한 과정입니다. 많은 분량의 성경을 읽으면 묵상을 못합니다.

적용의 지혜 사랑은 모든 것을 수용하는 것만이 아닙니다. "하지 말라"고 금하신 것 또한 큰 사랑이었습니다.

▶ 읽기를 통해 나의 인지 영역으로 들어온 말씀이 가슴까지 들어오지 않고 그냥 처리된다면 그 말씀과 나의 내면과는 별 상관이 없는 것입니다.

▶ 현재 고민하고 있거나 관심을 가지고 있는 부분에 대해 오늘의 말씀을 통해 구체적으로 해답을 주시거나 응답을 주시는 때도 있습니다.

▶ 아래의 5가지 기준을 가지고 말씀을 묵상하면 도움이 됩니다.

[SPACE 방법]

S: Sins to confess(자백해야 할 죄)

P: Promises to claim(붙잡을 약속)

A: Actions to avoid(피해야 할 행동)

C: Commands to obey(순종해야 할 명령)

E: Examples to follow(따라야 할 모범)

[잎만 무성한 나무라면]

말씀이란 신앙 생활의 뼈대이며 뿌리입니다. 따라서 말씀이 없는 신앙생활이란 물거품이며 열매 없는 잎만 무성한 나무와 같습니다. 중요한 것은 말씀입니다. 하나님의 말씀에 기초한 신앙, 그것이 올바른 신앙입니다.

제3강 | 묵상

'주신 말씀'을 기억(묵상)하십시오

큐티란 하나님께서 주변에서 하시는 일에 대해 우리 안에서 주목하여 반응하는 삶입니다. 묵상하는 삶이란 말씀을 받는 삶입니다.

주님의 말씀은 생명의 말씀입니다. 말씀에 주목하고 수용하며 반응하지 않으면 안 되는 이유가 여기 있는 것입니다. 내용이 어렵고 듣기에 어떻든, 우리 삶에 던지는 의미가 어떻든, 주님의 입에서 나오는 말씀은 우리 영혼에 생명을 줍니다.

하나님의 생기로 창조된 인간은 하나님의 말씀으로 호

흡할 때 진정한 만족을 누립니다. 특별히, 타락한 인간이
살 길은 오직 말씀으로 호흡하는 것뿐입니다.

1. '주신 말씀'을 기억하십시오

"내가 주의 법도를 묵상하며 주의 도에 주의하며
주의 율례를 즐거워하며 주의 말씀을 잊지 아니하
리이다"(시 119:15-16).

큐티란 오늘 나에게 주신 말씀을 잊지 않고 기억하는 일
입니다. 즉, 그 말씀을 계속 묵상하는 일입니다. 암기하면
더 좋습니다. 일단 한 번 암기한 말씀은 비록 잊어버린다 하
더라도 결정적인 순간에 다시 기억날 수 있습니다.

☞ 당신이 오늘 기억해야 할 말씀은 무엇입니까?

_____

_____

2. 말씀에 순종하십시오

큐티란 말씀에 대한 철저한 순종입니다. 믿음의 척도는 '말씀을 끝까지 신뢰하고 순종하느냐'입니다. 순종하되 하기 쉬운 것만 순종할 것이 아니라 자기 수준에서 한 단계 높은 말씀에 순종하고자 힘쓸 때 성장할 수 있습니다.

3. 말씀을 마음에 간직하십시오

"좋은 땅에 있다는 것은 착하고 좋은 마음으로 말씀
을 듣고 지키어 인내로 결실하는 자니라"(눅 8:15).

- 주신 말씀을 기억하고 지키기 위해서는 '착하고 좋은 마음밭'이 중요합니다.

※ 옥토는 천국 말씀을 듣고 그 말씀을 어린아이처럼 좋아하고 흡수하며 그 말씀을 잘 깨달아서 자기 것으로 삼는 사람입니다. 이 사람은 어떤 특별한 행동을 한 것이 아닙니다. 그저 천국 말씀을 잘 받아들였습니다.

- 자신의 마음속에 있는 욕심, 염려, 죄 등을 다 버릴 때 신령한 말씀이 명확하게 들릴 것입니다.

※ 하나님의 음성을 잘 듣기 위해 하나님을 받아들이려면 죄를 제거해야 합니다. 숨은 죄가 있다면 회개하고, 사탄이 유혹하면 단호하게 물리치십시오. 또한 상처나 교만, 쓴 뿌리가 있을 때에는 하나님의 음성이 들리지 않습니다. 그러므로 하나님의 음성을 잘 듣고 싶다면 이런 장애물들을 제거해야 합니다.

적용의 지혜 사람들은 능력을 원합니다. 그런데 무엇이 능력일까요? 죄가 없는 거룩을 가리켜 능력이라고 합니다. 거룩보다, 순결보다 더 큰 능력은 없습니다. 세상에서 제일 무서운 사람은 돈 있고 권력 있는 사람이 아니라 깨끗한 사람입니다. 죄가 있으면 하나님께서 기도를 듣지 않으십니다. 하나님이 느껴지지 않습니다.

"좋은 땅에 뿌리웠다는 것은 말씀을 듣고 깨닫는 자니 결실하여 혹 백 배 혹 육십 배 혹 삼 십 배가 되느니라"(마 13:23)는 것은 말씀의 씨가 잘 준비된 옥토에 뿌려져서 정상적인 성장을 하는 것을 의미합니다. 천국 말씀을 듣고 그 말씀을 어린아이처럼 좋아하고 흡수하며 잘 깨달아서 자기 것으로 삼는 것입니다. 이런 사람은 어떤 특별한 행동을 한 것이 아니라 그저 천국 말씀을 잘 받아들인 것입니다. 그런데 이 사람에게 조용한 기적이 일어나기 시작합니다. 무엇인가 내 안에 변화가 일어나고 있다는 것을 자신이 느끼게 됩니다. 마음이 가난해지고 온유해지고 겸손해지고 하나님을 생각하게 되고 내 삶이 하나하나 정리되는 것을 느낍니다. 이것이 변화입니다. 이것이 바로 삼십 배, 육십 배, 백 배의 열매를 맺었다는 의미입니다.

적용의 지혜 천국은 어떤 완제품과 같은 상품으로 주어지는 것이 아닙니다. 천국은 말씀의 씨앗으로 오는 것입니다. 씨가 옥토에 떨어졌을 때 씨앗은 잘 자라서 열매를 맺게 됩니다. 천국은 삼십 배, 육십 배, 혹은 백 배, 즉 상상할 수 없는 세계로 확장됩니다. 이 천국을 다 경험한 사람은 하나도 없습니다. 천국은 계속 자라고 있기 때문입니다.

• 말씀을 흥미로운 대화나 논문의 잠재적 주제로 생각하는 대신, 그 말씀이 내 마음의 가장 은밀한 구석까지 파고들어오게 해야 합니다. 그러기 위해서는 어떤 말씀이 내게 직접 주시는 말씀이며 나만의 개인적 상황과 직접 연관되는지 살펴야 합니다. 여태까지 어느 누구의 말도 들어간 적이 없는 마음 깊은 곳까지 파고들어올 때, 비로소 말씀은 옥토에 뿌려진 씨앗이 되어 열매를 맺을 수 있습니다.

※ 말씀에 대한 믿음을 가지십시오. 사람이 말씀을 붙잡게 되면 하나님의 실제를 경험하게 됩니다. 신앙생활의 비밀은 하나님이 하신 일을 붙잡는 것입니다.

4. "주님은 나에게…말씀하신다"라고 쓰십시오

묵상하고 적용된 말씀은 그냥 느끼고 지나갈 것이 아니라 노트에 적어 두면 기억하는 데 도움이 됩니다. 글을 쓰면 나중에 잊어버리지 않고 후에 방향을 잃게 될 때에, 처음 주신 하나님의 말씀을 다시 붙들고 일어설 수 있습니다. 그러므로 "주님은 나에게 … 말씀하신다"라고 기록해야 합니다.

5. 묵상-적용-결정

기도하는 마음으로 말씀을 읽다가 마음에 와 닿는 곳(느껴지는 곳)이 나타나면 거기 머물러 있으면 됩니다. 그 안에서 하나님의 현존과 사랑을 느끼며 머물러 있는 것입니다. 그래서 말씀을 한 단어씩, 또는 한 소절 씩, 또는 한 문장씩을 읽으면서 의미를 되새겨 보아야 합니다.

- 본문을 읽고 본문 내용을 이해하고 본문에서 제시하고자 하는 내용을 깨닫습니다. 본문이 이해가 되면 깨달은 말씀과 자신의 모습을 비교해 보는데 이 과정을 묵상이라고 합니다.
- 말씀에서 제시하고자 하는 대로 순종하기 위해서는 내가 어떻게 변화해야 하는가 그 방법을 찾는 것이 적용입니다.
- 깨달은 내용을 자신의 현실과 비교했을 때 자신에게 부족했던 내용은 무엇이며, 그래서 어떻게 하기로 했습니까?

[주신 말씀을 기억할 때 생각해야 할 3P]

- P: Personal(개인적) - 다른 사람에게 적용하지 말고 자신에게 하십시오.
- P: Practical(실제적) - 추상적으로 하지 말고 구체적으

로 하십시오.

- P: Possible(가능한 적용) – 오늘 실천 가능한 것으로
  하십시오.

[ACTS 방법]

- A: Adoration(경배) – 찬양하는 글을 한 문단 정도 쓰
  십시오. 시편을 자신의 말로 바꿔 써 보거나, 아니
  면 하나님의 속성에 초점을 맞추어 생각나는 대
  로 많이 나열해 보거나, 때로는 한 가지 속성에 대
  해서 깊이 묵상하십시오.
- C: Confession(고백) – 죄를 낱낱이 기록하면 자신의
  죄를 있는 그대로 볼 수 있습니다.
- T: Thanksgiving(감사) – 하나님께서 응답하신 기도
  와 영적인 축복과 금전적인 축복, 관계 면에서의
  축복에 대해 감사하십시오.
- S: Supplication(간구) – 간구할 제목을 4개의 영역으
  로 나누십시오. 사역, 인간관계, 가족, 개인적인

필요, 혹은 자기 나름대로의 영역을 나누는 것도
좋습니다.

'내 뜻을 내려놓고'
주님의 뜻으로 기도하십시오

믿음은 결단입니다. 시험하고 비교해서 제일 좋은 것을
선택하는 것이 아닙니다.

**적용의
지혜** 무슨 일을 하든지 하나님의 뜻을 먼저 확인하십시오.
좋은 일이기 때문이 아니라 하나님의 뜻이기 때문에
하십시오. 유익이 되고 성공을 주고 부요케 되는 일일지라도 하
나님의 뜻이 아니면 단호히 거절하십시오. 하나님의 뜻이 아닌
것은 끊으십시오. 비록 힘들고 고통스러울지라도 하나님의 뜻을
찾아야 합니다. 그저 우리의 짐작이나 세상이 하는 방법대로 하
면 죽음과 저주가 기다릴 뿐입니다.

1. 나의 뜻 버리기

"이는 우리가 이제부터 어린아이가 되지 아니하여 사람의 궤술과 간사한 유혹에 빠져 모든 교훈의 풍조에 밀려 요동치 않게 하려 함이라 오직 사랑 안에서 참된 것을 하여 범사에 그에게까지 자랄지라 그는 머리니 곧 그리스도라"(엡 4:14-15).

• 큐티란 사람들의 궤사, 간사한 유혹에 빠져 세상 교훈과 풍조에 밀려가는 마음을 멈추는 것입니다.

※ 경건 훈련 운동을 시작했던 영국의 캠브리지 대학생들은 자신들이 그리스도인임에도 불구하고 마음과 생활이 '세속적인 경향'으로 차 있는 것을 발견하고 기도하면서 해결 방법을 찾기 시작했습니다. 거룩을 유지하기 위해서 그들이 찾아낸 방법은 '하루 생활 중 얼마를 성경 읽기와 기도로 보낸다'는 것이었습니다.

적용의 지혜 성령 충만한 사람이란 죄를 짓지 않는 게 아니라, 죄를 짓되 회개하는 속도가 빠른 사람입니다.

☞ 내 마음이 어디로 밀려가고 있는가를 찾아보십시오.

_____

_____

2. 그분의 뜻대로 기도하기

"그러나 내 원대로 마옵시고 아버지의 원대로 되기를 원하나이다"(눅 22:42).

적용의 지혜 대체적으로 사람들은 자기가 하는 말의 뜻이 무엇인지 모르고 열심히 말합니다. 자기를 읽지 못하고 있습니다. 주제 파악이 덜 된 것입니다. 사람들은 열심히 결정을 내리고 어떤 행동을 합니다. 그러나 그 행동의 결과가 어떻게 나타날지 잘 모릅니다. 열심히 말하고 주장하지만 그것이 얼마나 옳은 것인가를 미처 깨닫지 못하고, 자기 아집과 고집과 환상에 속고 있는 것입니다. 과연 구하는 것이 무엇인지 그 영적 의미를 다 깨닫고 있습니까? 추구하는 것이 하나님 보시기에 옳은 것입니까? 옳은 기도였습니까? 기도를 아무리 많이 해도 내용이 하나님 보시기에 옳지 않다면 얼마나 헛된 기도를 하고 있는 것입니까?

- 큐티란 '나의 원'을 내려놓고, '아버지의 원'을 구하는 마음입니다. 먼저 '나의 원'이 무엇인지부터 인식해야 합니다. 기도하면서 나를 향하신 '하나님의 뜻'이 있다는 사실과 그것은 '나의 생각보다 더 지혜롭고 합당하는 것'을 인식해야 합니다. 나의 뜻을 약화시키거나 포기하고 '하나님의 뜻'을 온전히 받아들이고 내 삶에 수용될 때까지 기도로 씨름해야 합니다.

☞ 지금 당신의 간절한 소원은 무엇입니까? 그 소원은 하나님의 뜻입니까? 오늘 큐티를 통해 나의 소원에 대해 하나님의 뜻은 무엇이라고 하십니까?

_____

_____

적용의 지혜 무조건 믿고 구한다고 해서 모든 것이 다 이루어질까요? 이 부분에 대해 맹목적이고 감정적인 그리스도인들이 특별히 오해를 해서 엉뚱한 결과를 낳는 경우가 있습니다.

즉, "주여, 무조건 믿습니다. 하나님이 다 알아서 해 주실 줄 믿고 감사합니다"라고 하며 맹신하는 것입니다. 그래서 다 이루어진다면 얼마나 좋을까요? 이 말씀의 깊은 뜻을 요한일서 5장 14절에서 찾아봅시다.

"그를 향하여 우리의 가진 바 담대한 것이 이것이니 그의 뜻대로 무엇을 구하면 들으심이라."

그러니까 구하면 주시리라는 말씀 속에는 몇 가지 조건이 붙습니다. 잘못된 것을 구하면 하나님은 듣지 않으십니다. 곧 이기적이고 정욕을 위한 기도는 들어주시지 않는다는 말입니다. 우리가 하나님께 구하기 전에 생각해야 할 일은 나의 간구가 하나님의 뜻과 일치하는가, 하나님이 기뻐하시는 것인가, 결과가 하나님께 영광을 돌릴 수 있는 것인가 하는 것입니다. 만일 우리의 기도가 하나님의 뜻과 일치하는 것이라면 반드시 이루어질 것입니다.

- 일반적으로 대부분의 기도는 나의 뜻을 이루기 위한 기도입니다. 그런데 예수님의 기도는 나의 뜻을 이루는 기도가 아니라 하나님 아버지의 뜻이 이루어지기를 원하는 기도였습니다. 생각할 때는 내 계획이 여러 가지로 많습니다. 그러나 눈을 감고 기도하면 아버지의 계획이 보이지 시작합니다. 기도란 내 뜻이 아버지의 뜻에 승복하는 과정입니다.

※ 하나님 앞에 나아가 하나님의 뜻대로 행하시도록 우리 자신을 내어 드려야 합니다. 스스로 먼저 기도 응답을 결정하거나, 자신이 원하는 답이 안 나온다고 해서 그 답을 얻을 때까지 기도하는 고집을 부려서는 안 됩니다. 오히려 포기하고 순종하십시오.

적용의 지혜 기도는 기적을 잉태합니다. 기도는 기적을 낳습니다. 기적을 바라는 사람에게는 기적이 없습니다. 그러나 그리스도를 바라보는 사람에게는 기적이 일어납니다. 기적만을 요구하는 사람들은 병 낫기를 원하고 사업이 잘되기를 원하고 자식이 잘되기를 원하는 등 인간적이고 본능적인 욕구를 많이 가지고 있습니다. 그렇다면 기복 신앙과 아무것도 다를 바가 없습니다. 기적은 어떻게 일어납니까? 기도한 자에게 일어납니다. 하나님은 아무에게나 축복을 주시지 않습니다. 먼저 그 사람을 준비시킨 후에 축복하십니다. 하나님은 기적을 주시기 위하여 기도를 시키십니다. 생각하면 사람이 움직입니다. 그러나 기도하면 하나님이 움직이십니다. 어떤 사건이 일어났을 때 기도하지 않는 사람에게 그것은 우연입니다. 그러나 기도하는 사람에게는 응답입니다.

• 큐티란 우리가 피하고 싶은 십자가를 지기 위해 준비하는 과정입니다. 우리가 십자가를 지기로 결심하면 하나님께서 십자가를 질 수 있는 능력을 주실 것입니다.

※ 묵상하는 그리스도인은 주님과 더불어 나날이 자라나게 되고 늘 영적으로 성공하는 삶을 사는 것입니다.

3. 마음밭에 따라 삶이 달라집니다

[마음밭의 종류(마 13장)]

- 길가: 듣지만 딴 곳에 집중되어 듣지 못합니다.
- 돌밭: 뿌리가 없어 세상에 나가면 금새 말씀이 사라집니다.
- 가시떨기: 자라기는 하지만 염려와 욕심 등이 말씀을 억제합니다.
- 좋은 땅: 착하고 좋은 마음으로 말씀을 듣고 인내로 결실합니다.

4. 도를 지키십시오

"너희는 도를 행하는 자가 되고 듣기만 하여 자신
을 속이는 자가 되지 말라"(약 1:22).

**적용의
지 혜** 물고기가 바다속에서 자유롭게 헤엄치며 다니듯 그리
스도인은 이 세상에서 자유롭게 살아갑니다. 짠 물을
먹은 고기라고 짜지 않습니다. 세상 속에서 살지만 그는 결코
세속적인 사람이 아닙니다. 그리스도인은 거룩한 사람이요, 의
로운 사람이요, 하나님의 인 치심을 받은 백성임을 잊지 말아야
합니다.

하나님의 음성을 들었다면 이제 삶의 현장에서 구체적
으로 살아야 합니다. 아무리 좋은 말씀이라도 내 마음에 받
아들이지 않는다면, 그리고 나의 현재의 삶과 무관하다면
내 안에 아무 영향을 끼치지 못할 것입니다.

※ 다음 질문들은 지나간 하루를 돌아보며 그날 저녁이
나 다음날 아침에 전날을 기억하며 답해 보십시오.

- 하루를 돌아볼 때 가장 의미 깊은 사건은 무엇이
  었나?
- 오늘을 다른 날과 다르게 독특하게 했던 것은 어떤
  점이었는가?
- 특별히 의미 깊은 대화를 했는가?
- 어떤 책을 읽었는가? 그것에 대한 나의 반응은 무엇
  이었나?
- 오늘 하루 동안 나의 기분은 어떠했는가? 감정이 고
  조되거나 가라앉았던 때는 언제였는가? 왜 나는 그
  렇게 느꼈는가?
- 오늘 걱정거리가 있었는가?
- 오늘 가장 즐거웠던 것은 무엇이었나?
- 오늘 내가 성취한 것은 무엇이었나?
- 나는 무엇인가에 실패했는가? 그것을 통해 배울 수

있는 것은 무엇인가?

• 내가 간직하고 싶은 사실에서 나 자신이나 다른 사
람들에 대한 어떤 통찰력을 얻었는가?

'영혼의 일기'를 쓰십시오

"수년 동안 여러 교회와 모임을 다니면서 매일의 일상을 통해 반복되는 인위적인 기독교의 함정에 빠지지 않으려고 나름대로 애쓰는 지도자들을 자주 만나 보게 되었다. 나는 이런 분을 만날 때마다 그 비결이 무엇인지를 물어 보았다. 그런데 대부분이 하시는 말씀은 '일기 쓰기'였다. 즉, 자신의 하루 생활을 돌아보고 평가한 것을 기록으로 남긴다는 것이었다." - 빌 하이벨스

1. 어떻게 시작해야 합니까?

만일 당신이 이제 막 일기를 쓰기 시작했다면 일기장을 대할 때 어색한 느낌이 들 것입니다. 이것을 극복하는 최선의 길은 지금 당장 일기 쓰기를 시작하는 것 외에는 없습니다.

2. 왜 영혼의 일기를 써야 할까요?

- 일기는 당신의 삶 속에서 벌어지는 사건, 색다른 인간 관계와 사물에 대한 당신의 반응, 그리고 사물에 대한 당신의 감정 등을 개인적으로 기록해 두는 곳입니다.
- 일기는 매일의 삶을 기록해 두는 하나의 장(場)입니다.
- 일기는 자기 발견을 위한 도구이기도 하며 또한 영혼의 거울입니다.
- 일기는 떠오른 생각들을 붙들어 두는 방이며 감정을 표현하는 편안한 통로요, 작가를 위한 훈련장이며 좋

은 친구요 믿음직스러운 벗입니다.

- 개인 일기는 침묵과 고독의 은밀한 공간입니다.
- 메타 윈터(Metta Winter)는 수세기 동안 사람들이 고독, 위기, 과도기, 갈등, 영적 추구, 신체적이거나 지적인 도전, 기쁨의 순간에 일기를 써 왔다고 했습니다.
- 나에게 일기를 쓰는 시간은 안식의 시간 곧 휴식과 고독의 시간, 하나님과 함께하는 시간, 그분의 말씀을 묵상하는 시간, 그분의 뜻을 찾는 시간, 내가 받은 통찰력을 기록하는 시간입니다.
- 많은 사람들은 자신의 인생에 의미 부여의 필요성 때문에 일기 쓰기를 시작합니다.
- 일기 쓰기는 '영적 몽유병'의 해독제입니다. 복음서에서 예수님이 "깨어 있으라! 주의하라! 깨어라!"고 수차례 말쓰하셨음에 놀라지 않을 수 없습니다. 일기를 쓰다 보면 당신은 안팎에서 계속 일어나고 있는 일을 더욱 의식하게 됩니다. 또한 당신 안에서 역사하시는 성령의 감동하심에 민감할 수 있을 것입니다.

3. 무엇이 유익할까요?

큐티할 때 꼭 기록해야만 하는 것은 아닙니다. 그러나 묵상하고 적용된 말씀은 그냥 느끼는 것이 아니라 노트나 큐티지에 적어 두는 것이 좋습니다.

- 본문 내용이 어떤 말씀인지 그 내용을 글로 써 보면 본문을 잘 이해하고 통찰할 수 있습니다.
- 성경 내용을 정리하는 나만의 힘을 기를 수 있습니다.
- 글을 쓰면 흐트러져 있던 생각들이 정리됩니다.
- 받은 말씀을 그냥 흘려버리지 않고 자신 안에 가두어 두는 데 유익합니다. 즉, 마음에 두게 됩니다.
- 자신의 영적 성장 과정을 체크할 수 있습니다.
- 나에게 일어난 하나님의 역사를 기록한 하나의 유산을 가지게 됩니다.

이렇게 일기를 쓸 때 가장 주의해야 할 점은 말씀에 근거한 일기를 써 내려가야 한다는 것입니다.

☞ 묵상한 성경 말씀에 근거한 일기를 쓰고 있습니까?

_____

_____

공중에는 수많은 전파가 지나고 있습니다. 우리가 그 전
파를 잡아 소리를 듣거나 영상을 보려면 수신기가 있어야
합니다. 아무리 브라운관이 있고 그럴 듯한 장치가 있다 해
도 전파를 받아들일 수 있는 시스템이 갖춰져 있지 않으면
아무 소용이 없습니다.

그와 마찬가지로 하나님께서 아무리 말씀하셔도 내 안
에 진리가 없으면 그 말씀이 들리지 않고 눈에 보이지 않으
며 손에 잡히지도 않습니다. 마음속에 진리가 있어야 하나
님의 말씀이 들어올 때 반응하게 됩니다.

우리 속에 하나님의 말씀이 있지 않을 때 인간의 생각으
로 충만하게 됩니다. 인간적인 판단, 경험, 가치관 등으로

가득하게 됩니다. 세상적인 것으로 나를 지배하게 됩니다. 그러므로 진리의 말씀이 없으면 예수님의 말씀을 이해하지 못하는 것입니다.

4. 일기를 서로 나누십시오

[큐티 나눔시 점검해야 할 리더의 질문들]

- 오늘 성경 구절을 읽어 보셨습니까?
- 성경 말씀을 요약해 보셨습니까?
- 말씀 중에 어떤 말씀 또는 어떤 단어가 내 마음에 와 닿던가요?
- 당신은 오늘 말씀에서 무엇을 느끼셨습니까?
- 말씀에 자신을 대입해 보십시오.
- 어떻게 행하기를 원하십니까?
- 하나님께서 주신 말씀이라고 확신하십니까?

적용의 지혜 말씀은 하나님과 인간과의 관계를 세워 주지만, 교제는 인간과 인간의 관계를 세워 줍니다. 우리는 많은 사람들과 만납니다. 사람들과의 만남에는 좋은 경험보다는 나쁜 경험이 더 많습니다. 서로 상처를 주기도 하고 받기도 합니다. 그러나 교회에서 성도와의 아름다운 교제를 갖는 일은 설교 듣고 성경공부하는 것만큼이나 중요한 모습 가운데 하나입니다. 교회에 와서 먼저 구원받아 거듭나고 성령 받는 일은 참으로 중요합니다. 그러나 꼭 해야 할 일은 교제권 속에 들어가는 일입니다. 성도의 교제권 안에 들어오지 않으면 외롭고 고독해집니다. 심지어는 불안해지기까지 합니다. 교회의 힘은 말씀에서 나옵니다. 그러나 동시에 성령의 아름다운 교제 속에서 나오는 것입니다.

"복 있는 사람은…오직 여호와의 율법을 즐거워하며 그 율법을 주야로 묵상하는 자로다 저는 시냇가에 심은 나무가 시절을 좇아 과실을 맺으며 그 잎사귀가 마르지 아니함 같으니 그 행사가 다 형통하리로다"(시 1:1-3).

오늘 큐티한 말씀을 통하여 당신도 살고, 당신의 가정도 살고,
주변 많은 친구들에게도 희망을 주고, 용기를 주고, 영적인 재
생산을 공급할 수 있는 그런 놀라운 축복이 임하길 소망합니다.

큐티하면
행복해집니다